BASTEI
LÜBBE
TASCHENBUCH

Über die Autorin:

Jen Mann ist die preisgekrönte Autorin des Buches *Spending the Holidays with People I Want to Punch in the Throat*. Jen lebt mit Ebbi, ihrem Ehemann, und den Kindern Gomer und Adolpha in Kansas. Natürlich sind Gomer und Adolpha nicht ihre richtigen Namen, die sind noch etwas schräger. In ihrer Freizeit widmet sich Jen dem Kunsthandwerk und engagiert sich für eine örtliche PTO (Eltern-Lehrer-Organisation). Ernsthaft.

JEN MANN

UND SAMSTAGS WECKT DER RASENMÄHER

MEIN NEUES LEBEN IN DER VORSTADTHÖLLE

Aus dem amerikanischen Englischen von
Edith Beleites

BASTEI LÜBBE
TASCHENBUCH

BASTEI LÜBBE TASCHENBUCH
Band 60863

MIX
Papier aus verantwortungsvollen Quellen
FSC® C014496

Dieser Titel ist auch als E-Book erschienen.

Vollständige Taschenbuchausgabe

Deutsche Erstausgabe

Titel der Originalausgabe: »People I Want to Punch in the Throat«
Originalverlag: Ballentine Books, an Imprint of Random House LLC,
a Penguin Random House Company, New York

Titelillustration: © shutterstock/anton_novik
Textredaktion: Doris Engelke
Umschlaggestaltung: FAVORITBUERO, München
Satz: hanseatenSatz-bremen, Bremen
Gesetzt aus der Adobe Garamond Pro
Druck und Verarbeitung: GGP Media GmbH, Pößneck
Printed in Germany
ISBN 978-3-404-60863-8

1 3 5 4 2

Für meinen Mann:
Du bist meinetwegen in einen Vorort gezogen.
Das muss wahre Liebe sein.

INHALT

Anmerkung der Autorin *9*

Menschen, die ich am liebsten links und rechts …
(eine kleine Auswahl) *11*

Sie haben Post! *13*

Steck dir Muttis Sandwich sonst wohin! *32*

Gatte oder Putzfrau – keine leichte Wahl *41*

Eine unvergessliche Party *54*

Einige Gründe, warum die Nachbarn uns nicht
ausstehen können *63*

Zur Hölle mit der Krippe! *70*

Gomer – ein Rassist? *78*

Es geht nur um eine Tasse Kaffee, Lady,
nicht um Organhandel! *86*

Alle Jahre wieder:
Die Anmeldung zum Feriencamp – ein Albtraum! *93*

Agnes, der Satansbraten, und ihre reizende Mutter *102*

Du sollst nicht begehren deines Nachbarn Auto *118*

Die Kunstfertigkeit eines Fünfjährigen *124*

Nie wieder im Pyjama zur Schule! *135*

Eheliche Inquisition *142*

Wozu eine Eheberatung, wenn wir Adolpha haben? *147*

Kann mich mal jemand einladen, der mir nichts verkaufen will? *156*

Pyjamapartys sind out *163*

Hochleistungssport beim Kinderbowling *172*

Ich dachte, »Mother's Little Helper« sei ein Babysitter *178*

Welche Mutter ist die beste? *185*

Die Königin der Elternsprecherinnen *198*

Fünfzig Cent für eine Kristallvase *205*

Schießwütige Mütter *214*

Danksagung *219*

ANMERKUNG DER AUTORIN

Um die Guten, die Bösen und die Doofen zu schützen, habe ich die Namen und Eigenschaften meiner Protagonisten … nein, nicht erfunden, aber so verändert, dass ihre lebenden Vorbilder nicht identifizierbar sind. Sollten Sie sich – oder einen Nachbarn – trotzdem wiederzuerkennen glauben, täuschen Sie sich wahrscheinlich. Dennoch berichte ich hier von meinen Erlebnissen … und meinen Erinnerungen.

MENSCHEN, DIE ICH AM LIEBSTEN LINKS UND RECHTS ...

(EINE KLEINE AUSWAHL)

Meine Eltern. Mal ehrlich: Wer kommt denn auf die Idee, seine Tochter »Jenni« zu nennen – mit einem süßen kleinen i? Wahrscheinlich haben sie mir keinen seriösen Beruf zugetraut.

Alle, die glauben, ich hätte meine Kinder Gomer und Adolpha genannt. Ihre wirklichen Namen sind *noch* schräger.

Den Typen, der seinen Quartalsbericht in sein Smartphone brüllt und damit das ganze Café unterhält, während wir alle hoffen, dass er sich an seinem Latte Macchiato verschluckt.

Treuepunktesammler, die einen Stau an der Kasse verursachen, weil sie einen Viertelcent für ihren Mini-Einkauf gutgeschrieben haben wollen.

Leute, die ihre Haustiere wie Kinder behandeln. Muss ich mehr sagen?

Leute, die alberne Bürowitze in die Teeküche hängen. Aber wahrscheinlich brauchen die das, weil sie sonst nichts zu lachen haben.

Den Typen, der neulich vor mir am McDonald's-Tresen fragte: »Was können Sie denn heute empfehlen?« Sogar der Verkäufer wusste darauf keine Antwort.

Leute, die ihr Licht unter den Scheffel stellen. Wer Grund zum Angeben hat, soll es, verdammt noch mal, lautstark tun!

Leute, die ihre Kinder nach Stars und Sternchen nennen. Glauben Sie mir: Kein Mensch nimmt Ihnen ab, dass Sie von ganz allein auf »Shakira« gekommen sind oder Ihre Großmutter väterlicherseits so hieß.

Mütter, die mir raten, meinen Alltag zu »strukturieren«. Scheiß Perfektionisten!

Menschen, die mir das Fluchen abgewöhnen wollen. Am Arsch!

Menschen, die glauben, dieses Buch handle von ihnen. Sorry! Sie sind nicht die einzigen Idioten, die ich kenne.

SIE HABEN POST!

Ob Sie es glauben oder nicht: Ich bin glücklich verheiratet. Und zwar mit einem Mann, dem es nichts ausmacht, dass ich keine Bauch-Beine-Po-Gymnastik mache. Auch dass ich »bequeme« Schuhe trage, toleriert er. Dafür ertrage ich, dass er mir im Haus auf Schritt und Tritt folgt und in allen Zimmern, die ich – und sei es kurz – verlasse, das Licht ausschaltet, um Strom zu sparen. Oder dass er nur zum Friseur geht, wenn dort gerade eine Rabattaktion läuft.

Neidisch? Das verstehe ich gut. Wer wünscht sich nicht den idealen Partner? Sicher fragen Sie sich, was Sie tun können, um selbst so viel Glück zu haben. Deshalb erzähle ich Ihnen jetzt, wie ich meinen Mann kennengelernt habe. Also …

1996 oder so habe ich mir den ersten Computer gekauft, ein klobiges IBM-Dings. Da ich in Sachen Technik eine Null bin, kann ich leider nicht sagen, wie viel ROM oder RAM er hatte. Ich weiß nur noch, dass er schwarz war, während alle anderen Geräte schmuddelig weiß waren. Als ich mir im Laden die verschiedenen Modelle ansah und von einem Verkäufer über die jeweiligen Leistungen und Funktionen vollgeschwallt wurde, dachte ich die ganze Zeit nur daran, dass ein schwarzes in meinem Arbeitszimmer viel besser aussähe als ein schmuddelig weißes. Ich gebe zu, dass es nicht die intelligenteste Kaufentscheidung war, aber so bin ich nun mal. Außerdem wollte ich keinen IT-Kram mit meinem Computer machen, sondern einen Roman schreiben, der dann jedoch leider nie über den ersten Satz hinauskam: »Es war eine dunkle, stürmische Nacht, als …«

Ich schleppte also meinen nagelneuen Computer nach Hause, packte ihn aus und entdeckte, dass eine Diskette in ihm steckte. Diskette? Hießen die Dinger damals Disketten? Ich weiß es nicht mehr. Jedenfalls konnte ich damit kostenlos AOL installieren. Erinnern Sie sich noch an AOL? Zu diesem Zeitpunkt gab es das Internet bestimmt schon jahrelang, aber ich bin in einem Kaff in Iowa zur Schule gegangen, wo nicht mal jeder Haushalt Telefon hatte. Vom Internet ganz zu schweigen. Und da ich, wie gesagt, eine technische Null bin, hatte ich nur eine sehr vage Vorstellung davon, was AOL bedeutet. Ich studierte die Gebrauchsanweisung von vorn bis hinten und beschloss, es mit diesem AOL zu versuchen. Für jemanden wie mich, die ich das Internet nicht verstand, der perfekte Einstieg.

Ich machte den Computer startklar, schloss das Modem an und ging zum ersten Mal in meinem Leben online. Damals musste man sich noch einwählen – ein Prozedere, bei dem man AOL quasi beauftragte, eine freie Leitung zu suchen. Ich wählte mich also ein, und danach hatte ich genug Zeit, Abendbrot zu essen, meinen Pyjama anzuziehen und die Waschmaschine zu befüllen, bevor ich hörte: »Sie haben Post!«

Diese Füchse von AOL! Gleich beim ersten Einloggen hatte ich Post! Es war bloß ein Willkommensgruß von AOL selbst, aber es war eine richtige E-Mail, und ich verliebte mich beinahe in die Stimme, die sie ankündigte. Es war wie der erste Schuss. Ich hing an der Nadel. Gleich beim ersten Mal. Das analoge Leben war ab sofort uninteressant.

Ha! Als sei mein Leben vorher interessant gewesen! Ich lebte damals noch allein und hatte einen beschissenen Job. Meine Freunde waren fast alle verheiratet, und ich war überall das fünfte Rad am Wagen. Mein typischer Tagesablauf: aufstehen, zur Arbeit gehen, nach Hause kommen, den Fernseher einschalten (damals gab es noch keine Rekorder, und man war aufs aktuelle Programm angewiesen, inklusive nervtötender Werbung), schlafen gehen. Am nächsten Morgen aufstehen und alles von vorn.

Bald fand ich heraus, dass viele AOL nutzten, um zu »chatten«. Je nach persönlicher Neigung konnte man zwischen Dutzenden Chatrooms wählen. Für jeden war etwas dabei, vom Hundezüchten übers Stricken bis zu bizarren Sexpraktiken. Man konnte in einem dieser Foren einfach mitchatten oder die Profile der Chatter durchstöbern, sehen, wer gerade online war, und jemandem eine Nachricht schicken, die kein anderer zu lesen bekam.

In den ersten Wochen probierte ich einen Chatroom nach dem anderen aus. Wann immer ich irgendwo neu war, kam schnell eine personalisierte Anfrage, die meist nur »A/G/W?« lautete. Das ist Anbaggersprache und bedeutet: »Alter, Geschlecht, Wohnort?« Manche fragten auch gleich bei der ersten Kontaktaufnahme: »Was hast du gerade an?« Komplett bescheuert. Und das Bescheuertste war, dass all diese Angaben (außer natürlich, was ich gerade anhatte) in meinem Profil standen, aber diese Idioten waren zu faul, um nachzusehen, und wollten schnell ein paar Titten sehen oder zumindest darüber reden.

Ich bekam so viele Anfragen, dass ich es gar nicht fassen konnte, denn im richtigen Leben hatte ich noch nie so viel Interesse erlebt. Aber ich beantwortete alle Anfragen geduldig, und meist kam der Interessent schnell auf den Punkt – vulgo die Frage: »Was hast du gerade an?« Ich war zu naiv, um zu lügen, und schrieb: »Meinen Jogginganzug.« Dann hörte ich nichts mehr. Wahrscheinlich hatte ich die falsche Antwort gegeben.

Ich probierte auch einen regionalen Chatroom aus, dessen Chatter angeblich alle in derselben Stadt wohnen sollten, sodass man keine langen Wege hatte, falls man sich in der normalen Welt treffen wollte. Es stellte sich zwar heraus, dass viele keineswegs in der Nähe wohnten, aber die Vorstellung, es mit jemandem zu tun zu bekommen, den ich schon kannte, fand ich ohnehin gruselig. Was, wenn mein Nachbar plötzlich wissen wollte: »A/G/nackt?« Außerdem waren mir die Kerle in diesem Chatroom zu flott mit dem Vorschlag, sich »IRL« (im richtigen Leben) zu treffen. Also sah ich mich anderweitig um.

Der Chatroom »20+« gefiel mir ganz gut. Dort tummelten sich lauter mehr oder weniger junge Leute aus aller Welt, angeblich alle in den Zwanzigern. Die meisten waren ziemlich cool, und niemand wollte wissen, ob ich nackt war oder ihn IRL treffen wollte.

Eines Abends bekam ich allerdings auch hier eine persönliche Anfrage von einem Typen, der meinen Namen und mein Alter wissen wollte. Ich dachte: *Hä? Kannst du nicht lesen?*, schrieb aber brav zurück: »Jen, 24.« Dann wartete ich auf die nächste Frage: *Was hast du gerade an?* Stattdessen fing der Typ ein ganz normales Gespräch an ... na ja, so normal, wie ein Gespräch eben sein kann, bei dem man, statt zu sprechen, auf einer Tastatur herumhackt und es mit einem vollkommen Fremden zu tun hat, von dem man nicht weiß, wo er lebt. Dieser Fremde hieß Ebenezer, war ein Jahr älter als ich, wohnte in New York, genauer gesagt, in Queens, und hatte gerade sein Filmstudium an der New York University abgeschlossen. Wir chatteten über Filme und was gerade so auf der Welt passierte. Und brachten uns gegenseitig zum Lachen. Er war wirklich witzig und besaß einen herrlich trockenen Humor. Ohne Gestik und Mimik ist Humor schwer rüberzubringen, aber bei uns funktionierte es.

Am meisten musste ich lachen, als er mich nach dem Namen fragte, den ich in meinem Profil angegeben hatte.

Ebenezer: Was hat es mit deinem Namen auf sich?

Jen: Wieso? Meine Eltern haben ihn mir gegeben.

Ebenezer: Ich meine nicht deinen richtigen Namen, sondern deinen Profilnamen. Er gefällt mir.

Jen: Echt?

Ebenezer: Ja. Wie bist du darauf gekommen?

Jen: Na ja, ich bin halt Schriftstellerin.

Ebenezer: Ich weiß. Das sagtest du bereits.

Jen: Schriftsteller denken gründlich darüber nach, welche Namen sie ihren Figuren geben. Namen sind wichtig.

Ebenezer: Hast du auch über deinen Profilnamen lange nachgedacht?

Jen: Natürlich. (Er brauchte ja nicht zu wissen, *wie* clever mein Profilname war und *wie* lange ich darüber nachgedacht hatte.)

Ebenezer: Und wie bist du drauf gekommen?

Jen: Na ja … Ich habe einfach meinen richtigen genommen: Jen.

Ebenezer: Wie jetzt?

Jen: Und dann habe ich an eins meiner Lieblingsbücher gedacht, *Generation X* von Douglas Coupland. Ich finde Coupland brillant. Er ist die Stimme unserer Generation und versteht uns total. (Nebenbei hatte ich den Namen gerade gegoogelt, weil ich mir nicht sicher war, wie man ihn schrieb. Bei der Gelegenheit stellte ich erschrocken fest, dass der Kerl uralt war. War ich selbst schon ein Fossil? War unsere ganze Generation X ein Fossil?)

Ebenezer: Aha. Vielleicht sollte ich es auch mal lesen.

Jen: Jedenfalls ist mein Profilname eine Kombination aus Jen und Generation X: JenX. Alles klar?

Ebenezer: Ich denke schon. Wie Malcolm X?

Jen: Blödmann!

Ebenezer: LOL!

Jen: Ich bin Jen, und ich bin Generation X. Macht zusammen JenX.

Ebenezer: Okay. Aber das ist nicht dein Profilname.

Jen: Stimmt. Aber nur, weil AOL mir mitteilte, der Profilname JenX sei schon vergeben. Stattdessen schlugen sie Jenexxx vor. Erst war ich enttäuscht, aber dann fand ich es gar nicht so schlecht.

Okay, okay! Lachen Sie nur! Wahrscheinlich haben Sie längst erkannt, wie das rüberkam. Im Gegensatz zu mir damals.

Ebenezer: Dann hast du statt JenX also Jenexxx genommen und nicht gemerkt, dass es zwei völlig verschiedene Sachen sind?

Jen: Wieso? Es kommt doch aufs selbe raus.

Ebenezer: Ganz und gar nicht.

Jen: ???

Ebenezer: Du siehst keinen Unterschied zwischen Generation X und Generation XXX?

Jen: ACH DU SCHEISSE!!! (Damals regten sich die Medien gerade über eine angeblich übersexualisierte und der Pornografie weder passiv noch aktiv abgeneigte Jugend auf, die sogenannte Generation XXX.)

Ebenezer: Aber jetzt ist der Groschen gefallen.

Jen: Vor allem verstehe ich jetzt, warum du mit mir chatten wolltest.

Ebenezer: Okay, anfangs vielleicht. Aber dann warst du witzig, und wir kamen ins Reden.

Jen: Willst du denn nicht wissen, was ich gerade anhabe?

Ebenezer: Einen Jogginganzug, nehme ich an.

Als ich mich am nächsten Tag einloggte und »Sie haben Post!« hörte, hatte Ebenezer geschrieben, dass er unseren Chat sehr genossen hatte und ihn möglichst bald wiederholen wollte. Ich schrieb sofort zurück. Ich weiß nicht mehr, was. Wahrscheinlich so etwas wie: »Normalerweise bin ich nicht so begriffsstutzig, und in einem Pornofilm habe ich auch noch nie mitgemacht. Wenn du es also auf Cybersex abgesehen hast, bist du bei der Falschen gelandet.« Worauf er antwortete: »Fahr die Krallen wieder ein! Kein Mensch hat etwas von Cybersex gesagt. Wer hat dich so traumatisiert?« Es ging hin und her, und wann immer wir beide online waren, chatteten wir miteinander.

Mit der Zeit wurde er zu so etwas wie einem Freund, falls man das von jemandem sagen kann, den man noch nie gesehen hat. Ich wusste ja nicht einmal, wie er aussah. Sein Profilname war Ebenezer11423 und ich stellte ihn mir lange als einen gutaussehenden Juden vor. Erst nach zahllosen Chats, nur zwischen uns beiden, erwähnte er ganz nebenbei, dass er Chinese ist.

Jenexxx: Moment! Du bist Chinese?

Ebenezer11423: Stimmt. Hast du ein Problem damit?

Jenexxx: Nein. Bin nur überrascht.

Ebenezer11423: Ist es wichtig? Ich kann damit leben, dass du eine Weiße bist. Bist du doch, oder?

Jenexxx: Ja. Und nein. Es ist nicht wichtig. Ich hatte dich mir bloß als europäischstämmigen Juden vorgestellt.

Ebenezer11423: Warum?

Jenexxx: Keine Ahnung. Wahrscheinlich wegen des Klischees: Queens, Filmstudium an der NYU, hebräischer Name. Irgendwie hat sich das nicht zu einem chinesischen Gesicht zusammengefügt.

Ebenezer11423: Und nun? Haben wir ein Problem?

Jenexxx: Natürlich nicht. Aber nur, dass du Bescheid weißt: Chinesen machen mich nicht an. Aus dem Cybersex wird also definitiv nichts.

Ebenezer11423: Ist klar. Ich stehe sowieso nicht auf Jogginganzüge.

Jeden Tag freute ich mich auf unsere Chats. Wir redeten über unsere miesen Jobs und unseren Traum, eines Tages für unsere Kreativität bezahlt zu werden.

Von einem Treffen war nie die Rede. Wie auch? Er wohnte in New York und ich in Kansas. Es war einfach eine Art perfekter Brieffreundschaft.

Bis Dezember. Als ich Kind war in New Jersey, sind meine Eltern jedes Jahr mit mir und meinem Bruder C. B. nach New York gefahren, um uns die Weihnachtsbeleuchtung zu zeigen. Inzwischen hatten sie das seit Jahren nicht mehr getan, aber dieses Jahr verordneten sie uns wieder diesen Familienausflug.

Zuerst dachte ich: *Ach nee, mit den Eltern verreisen? Ich bin vierundzwanzig, und selbst C. B. ist ja schon zwanzig – ein Trip mit meinen Eltern gehört sich einfach nicht!* Doch dann lockten sie mich mit einen Theaterstück am Broadway. Ich liebe *Les Misérables* und kann es gar nicht oft genug sehen. Also sagte ich zu.

Ich überlegte lange, ob ich es Ebenezer sagen sollte. Was wir miteinander hatten, war schön, und ich wollte es nicht durch ein Treffen ruinieren. Andererseits war es wirklich bescheuert, in seiner Stadt zu sein, ohne ihn zu treffen. Schließlich waren wir Freunde, oder?

Also schrieb ich ihm, dass ich für ein verlängertes Wochenende in New York sein würde und wir uns auf einen Kaffee treffen könnten.

Worauf er komplett ausrastete.

Ebenezer11423: Ein Date? Bist du verrückt?
Jenexxx: Hey, fahr die Krallen ein! Wer hat denn was von einem Date gesagt?
Ebenezer11423: Ich kenne dich. Du willst, dass ich dich zum Essen einlade.

Jenexxx: Habe ich das gesagt? Ich bin an diesem Wochenende in New York und fände es nach all der Chatterei nett, dich einmal live zu erleben und einen Kaffee mit dir zu trinken.

Ebenezer11423: Ich denke drüber nach und melde mich wieder.

Jenexxx: Vergiss es! Du musst mir keinen Gefallen tun.

Ich war ebenso erschrocken wie angepisst. Was bildete sich dieser Typ eigentlich ein? Ich hatte doch gar nichts von einem Date gesagt! Eine Verabredung zum Kaffee ist schließlich kein Date! Was für ein Arschloch! Die nächsten Tage war Funkstille, doch dann kam eine E-Mail, in der er die Regeln für ein Treffen festlegte:

`Jen,`
`am Freitag muss ich arbeiten, aber ich kann dich um 18:00 in deinem Hotel abholen. Das ist ein bisschen spät zum Kaffeetrinken, und ich werde einen Bärenhunger haben. Deshalb sollten wir lieber essen gehen. Und zwar in einem Restaurant mit lockerer Atmosphäre, das typisch für New York ist. In Kansas gibt es so was bestimmt nicht. Es heißt TGI Friday's.`
`Bring Geld mit, denn dies ist KEIN DATE! Und erwarte nicht, dass ich dir hinterher Manhattan zeige oder so. Ich bin KEIN Touristenführer! Wenn ich dich interessant finde, können wir hinterher noch ein Eis essen, aber wenn du mich langweilst, haue ich einfach ab und schaue mir die nächste Folge meiner Lieblingsserie an. Wenn du mich tref-`

fen willst, sag Bescheid. Du erreichst mich über meinen Pager.
Ebenezer

Bis heute frage ich mich, warum ich mich darauf einließ. Es muss eine göttliche Fügung gewesen sein – oder ich war ganz verrückt danach, endlich einmal ohne meine Eltern Ofenkartoffeln zu essen. Keine Ahnung. Ich weiß nur, wie sehr ich mich darüber freute, dass Ebenezer bereit war, seinen Fernsehabend unter Umständen sausen zu lassen, denn sonst hätte ich niemals auf *Les Misérables* verzichtet, wäre nicht mit ihm essen gegangen, und sein Leben wäre furchtbar langweilig geworden.

Ich wünschte, ich hätte ihm Folgendes geantwortet:

Lieber Ebenezer,
wo soll ich anfangen? Bei TGI Friday's? Hast du sie noch alle? Wir sollen uns schnell ein paar Mozzarellasticks und Chicken Wings reinziehen? DAS ist wirklich kein Date! Hat sich eigentlich noch nicht bis New York rumgesprochen, was eine RestaurantKETTE ist? Das nächste TGI Friday's ist bei mir um die Ecke. Ich wohne in Kansas, Ebbi, nicht hinterm Mond. Ob du es glaubst oder nicht: Ich habe in diesem Gourmettempel schon gegessen und war alles andere als begeistert. DAS soll typisch für New York sein? Du spinnst! Nein, ich glaube, wir sollten lieber nicht essen gehen. So weit sind wir noch nicht. Deswegen hatte ich einen Kaffee vorgeschlagen. Damit sind wir in einer Viertelstunde durch. Danach kann ich aufstehen und gehen, wenn du mich langweilst, und brauche mich

nicht ein elendes Essen lang von dir anöden zu lassen, um dann neun Dollar abzudrücken. Wozu brauchst du überhaupt einen Pager? Bist du ein Dealer oder so?
Jen

Stattdessen antwortete ich:

Sei kein Arschloch und stell dich nicht so an, E.! Natürlich ist das kein Date. 18:00 passt. Bestimmt bist du rechtzeitig zum Fernsehen zu Hause.
J.

Erst am Tag unseres Nicht-Dates erzählte ich meiner Familie, was ich vorhatte.

»Du triffst dich mit jemandem, den du aus dem Internet kennst?«, fragte Mom entgeistert.

»Herrje, du musst ja wirklich verzweifelt sein!« C. B. lachte.

»Halt's Maul, C. B.! Du musst dich ohne mich auf dem Schoß des Weihnachtsmanns fotografieren lassen«, sagte ich.

»Wie bitte?« Entsetzt sah er Mom an. »Wir gehen doch heute nicht wirklich zum Weihnachtsmann!?«

»Das habe ich doch schon beim Frühstück erzählt«, sagte sie. »Es wird bestimmt schön. Jetzt wollen wir aber über Jenni und ihren merkwürdigen Freund sprechen.«

»Er ist nicht mein Freund, nur eine Online-Bekanntschaft.«

»Weiß er, wie du aussiehst?«, fragte mein Dad.

»Im Prinzip ja. Ich habe ihm mal ein Foto geschickt, es war allerdings schon etwas älter, aus dem College.«

»Hast du auch ein Foto von ihm?«, fragte Mom.

»Na ja, ich …« Shit! Ich dachte an die tausend Gründe, die er dafür hatte, dass er mir keins schicken konnte: Seine Kamera sei kaputt; er habe keinen Scanner; er fotografiere nie; er habe kein Geld für eine Briefmarke, weil er mir das Foto (in Ermangelung eines Scanners) per Post schicken müsse … »Nein. Aber es spielt keine Rolle, wie er aussieht. Es. Ist. Kein. Date.«

»Wie willst du ihn dann erkennen?«, fragte meine Mom.

»Er holt mich in der Hotellobby ab und trägt eine dunkelgrüne Jacke.«

»Also gut«, sagte mein Dad. »Rekapitulieren wir: Du gehst mit einem Mann essen, der dich nicht einlädt. In einem TGI Friday's. Dieser Mann ist ein Chinese namens Ebenezer, hat einen Pager und trägt eine dunkelgrüne Jacke. Und für euer erstes Dinner, bei dem jeder selbst bezahlt, trefft ihr euch um sechs.«

»Stimmt.«

»Du bist wirklich kein bisschen verzweifelt.« C. B. wollte sich schier totlachen.

»Zieh den netten Weihnachtspullover an, den Mommy dir gestrickt hat, C. B.!«, ätzte ich. »Damit siehst du bestimmt ganz süß aus, wenn du auf dem Schoß vom Weihnachtsmann sitzt. Hoffentlich kaufen die Eltern das Foto, dann können wir es als Weihnachtskarte verschicken.«

»Lass deinen Bruder zufrieden, Jenni! Wenn du *nicht* verzweifelt bist – warum solltest du dich dann mit diesem Mann treffen?«, fragte Mom.

»Herrgott, es macht einfach Spaß, sich mit ihm zu unterhalten. Er kann zuhören, lacht über meine Witze und bringt mich auch zum Lachen. Ich fühle mich wohl, wenn ich mit ihm chatte, und ich dachte, es wäre schön, diesen Chats ein Gesicht zu geben. Vielleicht *bin* ich verzweifelt, aber nicht genug, um drei Stunden vor Macy's Schlange zu stehen, bis ich mich bei einem Perversen im Weihnachtsmannkostüm auf den Schoß setzen kann.«

»Ist schon gut. Wir machen uns bloß Sorgen. Du wärst nicht die Erste, die ein Treffen mit jemandem, den sie online kennengelernt hat, nicht überlebt. Das weiß ich aus dem Fernsehen«, sagte Mom.

»Ich bin mir ziemlich sicher, dass er nicht vorhat, mich umzubringen. Wahrscheinlicher ist, dass er mich versetzt.«

»Wie kommst du denn darauf?«, fragte mein Dad.

»Er scheint nicht gerade ein Don Juan zu sein«, sagte ich kleinlaut.

»Wie aufregend!«, feixte C. B.

»So aufregend wie eure romantische Kutschfahrt durch den Central Park. Morgen musst du mir alles ganz genau erzählen, C. B.! Bestimmt kriegen Mom und Dad noch ein Kinderticket für dich.«

»Hey! Steht das heute etwa auch auf dem Programm?«, fragte er erschrocken.

»Bestimmt würdest du dich jetzt auch lieber mit jemandem in einer dunkelgrünen Jacke treffen, was?«, setzte ich noch einen drauf.

»Du bist eine erwachsene Frau«, sagte Dad. »Wir können dich nicht aufhalten. Aber gib uns wenigstens seine Pager-Nummer und ruf uns an, sobald du ihn gesehen hast.«

Nachdem diese Sicherheitsmaßnahmen geklärt waren, konnte sich meine Mutter der wirklich wichtigen Frage widmen: »Was ziehst du an?«

Damit wären wir beim peinlichen Teil (als wäre alles andere nicht schon peinlich genug): Ich hatte beschlossen, einen Overall anzuziehen. Aus mehreren Gründen. Zum einen wollte ich Ebbi unmissverständlich ein »Fuck you« signalisieren, nachdem er mich tausendsiebenundvierzigmal mit seinem »Es ist kein Date« gedemütigt hatte. Damit hatte er sein Recht auf einen attraktiveren Anblick verwirkt. Zum anderen fand ich es komisch, wenn ein Mädchen vom Lande im Overall auftauchte. Genauso stellte sich der New Yorker Snob eine junge Frau aus Kansas doch vor. Ein ebenso subtiler wie scharfsinniger Schachzug! Und drittens wollte ich es einfach bequem haben. Ich mag die unprätentiösen TGI Friday's, ich mag Ofenkartoffeln, und ein Overall ist perfekt, wenn man sich mit Kartoffeln den Bauch vollschlagen will.

Kaum war Ebbi an diesem Abend in der Hotellobby erschienen, wurde mir klar, dass ich einen Fehler gemacht hatte. *Verdammt, ist der süß*, dachte ich. *Wer hätte das gedacht? Warum habe ich nicht was anderes angezogen? Aber egal, es ist ja sowieso kein Date.*

Hätte ich in diesem Moment schon gewusst, dass ich diesen Mann eines Tages heiraten würde, hätte ich bestimmt besser auf Charakterzüge geachtet, die mich später in den Wahnsinn treiben würden. So hätte mir beispielsweise auffallen sollen, dass er völlig aus der Puste war, weil er zwanzig Blocks zu Fuß gegangen war, um das Geld für die U-Bahn zu sparen. (Sparbrötchen!) Als ich sagte, wie clever die Idee mit seiner grünen Jacke war, weil ich ihn so in der Lobby leicht finden konnte, erwiderte er stolz, diese Jacke besäße er bereits seit der Highschool, und er habe nicht die Absicht, sich eine neue zu kaufen, bis er sich eine North Face leisten könne, die aber gar nicht mal so teuer sei, wenn man bedenke, dass er sie für seine geplante Besteigung des Mount Everest ohnehin brauche. (Markenfixiertes Sparbrötchen mit Größenwahn!) Die größte Warnung aber hätte mir eine Bemerkung sein sollen, die er beim Essen machte, nämlich: »Ich wohne bei meinen Eltern.«

»Was? Warum hast du das noch nie erwähnt?«

»Es war nie Thema.«

»Aber du bist fünfundzwanzig! Es wäre mir nie in den Sinn gekommen, danach zu fragen. Ich bin einfach davon ausgegangen, dass du längst ausgezogen bist.«

»Man soll nie voreilige Schlüsse …«

»Wann ziehst du denn aus?«

»Keine Ahnung. Wozu die Eile? Ich zahle keine Miete, der Kühlschrank ist immer voll, und meine Mom kümmert sich um meine Wäsche.«

»Im Ernst? Sie wäscht für dich? Kannst du nicht wenigstens das selber machen?«

»Warum sollte ich? Sie tut das gern.«

»Ganz bestimmt nicht, du Arsch!«

»Wie du meinst. Ach, da kommt die Rechnung. Hast du deinen Anteil passend? Dann bezahle ich für uns beide mit meiner Kreditkarte und sammle Bonuspunkte, für meine North-Face-Jacke.«

Nach dem Essen bot er an, mir Manhattan zu zeigen.

»Ich dachte, du bist kein Touristenführer«, zog ich ihn auf.

»Trotzdem kann ich dich ja ein bisschen rumführen.«

Wir schlenderten durch die Straßen, und irgendwann nahm er schüchtern meine Hand, während er sich nach der Oberweite einer schlitzäugigen Schönheit umdrehte. Vor Empörung hätte ich ihm beinahe die Hand gebrochen.

»Was denn?«, verteidigte er sich. »Ich habe noch nie eine Asiatin mit derartigen Möpsen gesehen. Meinst du, die sind echt?«

»Ich will ins Hotel zurück«, sagte ich. Ich hatte genug von seinem Geiz, und über Körbchengrößen wollte ich auch nicht diskutieren. Dass er mich zum Lachen brachte und ich mich immer mit ihm wohlgefühlt hatte, war mir in diesem Moment egal. Er benahm sich respektlos, und ich hatte die Nase voll von seiner ungehobelten Art.

»Warum?«, fragte er.

»Weil du dich ziemlich danebenbenimmst. Ich weiß nicht, warum ich überhaupt gekommen bin. Ich habe mir so viel Mühe gegeben, damit wir uns treffen, und dich hat es von Anfang an nicht interessiert. Jetzt reicht's. Du bist mich los. Und du brauchst mich auch nicht zum Hotel zu bringen; ich finde den Weg schon allein.«

»Nein, warte! Es tut mir leid. Ich bin … Es ist bloß … Ich bin ziemlich nervös. In Wahrheit bin ich gern mit dir zusammen. Bitte bleib! Ich möchte dir etwas zeigen.«

»Was denn?«

»Einen Ort, der mir viel bedeutet. Es ist nicht weit. Komm mit!« Wieder nahm er meine Hand und zog mich Richtung Central Park.

Kurz vor Mitternacht.

Wir waren schon ein ganzes Stück durch den Park gegangen, als ich fragte: »Wie weit ist es denn noch?« Er sollte nicht wissen, dass ich langsam nervös wurde und drauf und dran war, ihm mein Knie in die Kronjuwelen zu rammen.

»Ich habe dir doch erzählt, dass ich gerade meinen ersten größeren Film gedreht habe, oder?«

»Ja.«

»Ich will dir zeigen, wo meine Lieblingsszene entstanden ist. Wir sind gleich da.«

Irgendwann blieb er tatsächlich stehen und sagte: »Da wären wir.«

»Ich sehe nichts«, sagte ich.

»Hinter den Büschen da vorn liegt ein kleiner Teich. Es ist meine Lieblingsstelle im ganzen Park. Komm mit! Hörst du die Frösche?«

Ich dachte: *Willst du mich verarschen? Ich soll mit dir zu einem Froschteich gehen? Als Nächstes werde ich als Wasserleiche im Fernsehen gezeigt!* (Wenn meine Tochter sich auf so etwas Hirnverbranntes einlässt, erwürge ich sie eigenhändig!)

»Ich kenne Frösche. Ich komme aus Kansas.«

»Okay, aber guck mal, wie sich der Mond auf dem Wasser spiegelt! Komm schon!« Er wollte mich weiterziehen.

In meinem Kopf schrillten sämtliche Alarmglocken.
»Stop!«, schrie ich. »Lass mich sofort los!«
»Was hast du denn plötzlich?« Ebbi schien völlig verwirrt.
»Du darfst mich nicht umbringen! Ich werde mich wehren, und wenn ich dich nicht aufhalten kann, werde ich dir ordentlich wehtun!«
»Wovon redest du, verdammte Scheiße? Warum sollte ich dich umbringen? Spinnst du?«
»Ob *ich* spinne? Du bist hier der Fremde, der mich mitten in der Nacht zu einem gottverlassenen Teich schleppt, damit ich Frösche hören kann. Wer spinnt hier?«
Ebbi machte ein paar Schritte rückwärts und hob beschwichtigend die Hände. »Ist ja schon gut. Beruhige dich!«
»Ich will hier weg, und zwar sofort!«, zischte ich.
»Gut. Lass uns gehen.«
Schweigend gingen wir ein Stück. Langsam normalisierte sich mein Puls, und ich begriff, dass dieser Froschfreund nicht vorhatte, mich zu töten und in den Teich zu werfen. (Später sollte ich ihm übrigens noch öfter Mordabsichten unterstellen. Aber das liegt wahrscheinlich eher an mir als an ihm, denn ich löse bei vielen Menschen einen Killerinstinkt aus.)
»Tut mir leid«, sagte ich.
»Schon gut. Ich hab nicht weiter nachgedacht. Ich wollte dir nur meinen Lieblingsort zeigen. Magst du ein Eis?«
»Ja, bitte!« Eis essen hat für mich schon immer alle Probleme gelöst.
Als er mich in dieser Nacht zum Hotel brachte, versuchte er nicht einmal, mich zu küssen. Bestimmt fürchtete er meine Reaktion, wenn er mir zu nahe kommen würde. Aber kurz nachdem wir uns verabschiedet hatten, rief er an.
»Hallo?«, flüsterte ich, um C. B. nicht zu wecken, der in der anderen Hälfte des Doppelbetts lag.
»Was hast du gerade an?«

»Idiot! Einen einteiligen Pyjama, mein Overall für die Nacht.«

Er lachte. »Ich fand den Abend lustig.«

»Ich auch«, musste ich zugeben.

»Aber ich habe ein Problem.«

»Welches denn?«, fragte ich.

»Mir ist schwindelig«, sagte er.

»Dann setz dich hin, beuge den Kopf zwischen die Knie und …«

»Hör auf! Mir ist *deinetwegen* schwindelig. Ich wusste, dass das passieren würde, wenn wir uns treffen.«

»Oh«, sagte ich dümmlich und wusste nicht weiter. Solange ich denken konnte, hatten mich Jungs und Männer im Unklaren gelassen, ob sie mich wirklich mochten oder nur höflich waren. Noch nie war einer so deutlich mit der Sprache herausgerückt. »Schön«, sagte ich noch dümmlicher.

»Ja.« Er klang ganz ernst. »Wirklich schön. Was nun? Wollen wir wieder über *Star Wars* reden?«

Auf alle Fälle! Damit kannte ich mich aus. »Okay.«

Nach einer Stunde Flüstertelefonat setzte C. B. sich auf, warf ein Kissen nach mir und stöhnte: »Du bist also sein kleiner Ewok, er ist dein Luke Skywalker, Darth Vader ist fantastisch und Leia überschätzt. Okay, von mir aus. Hauptsache, du lässt mich jetzt schlafen, du Knalltüte!«

»Wir sehen uns morgen«, sagte Ebbi schnell.

Dann legten wir auf.

Seitdem sind wir ein Paar, weil ich seine etwas schäbige Fassade durchschaute und begriff, dass es eine Riesendummheit wäre, diesen Mann ziehen zu lassen. Schließlich gibt es nicht so viele, bei denen Halbirre wie ich eine Chance haben.

Fünfzehn Jahre später weiß ich, dass Ebenezer Angst vor unserem ersten Treffen hatte und sich deswegen so seltsam benahm. Zu dem Zeitpunkt war er längst in mich verliebt und wusste, dass es mir (noch) nicht so ging. Da er sehr direkt und nicht mal zu einer Notlüge fähig ist, wenn sein Leben davon abhängt (die Sorte Mann, die man nicht fragen darf, ob sie einen zu dick findet), wollte er mich nicht treffen. Er ahnte, dass er sich nur noch mehr in mich verlieben und dann einem Mädchen nachtrauern würde, das in Kansas lebt.

Jetzt kennen Sie sie also: die romantischste Liebesgeschichte aller Zeiten. Im Grunde waren wir zwei Halbirre, die in einem Chatroom die Liebe fanden, als das Internet noch in den Kinderschuhen steckte und hauptsächlich von Typen benutzt wurde, die auf Cybersex aus waren.

Jahrelang haben wir uns für die Art unseres Kennenlernens geschämt, und wenn wir danach gefragt wurden, sagten wir: »Durch einen gemeinsamen Freund.«

Dass es sich bei diesem gemeinsamen Freund um AOL handelte, haben wir für uns behalten.

STECK DIR MUTTIS SANDWICH SONST WOHIN!

Irgendwann fragt sich wohl jede verheiratete Frau: *Wen, zum Teufel, habe ich da eigentlich geheiratet?*

Das Dumme ist nur, dass ich mir diese Frage bereits am Morgen unserer Hochzeit stellte.

Nachdem wir ein paar Jahre zusammen waren, stellte Ebbi mir endlich die Frage aller Fragen. Zu dem Zeitpunkt lebten wir schon seit fünf Jahren in seiner Heimatstadt, New York City. Als ich endlich den Verlobungsring am Finger hatte, gestand ich ihm, dass ich von dem Großstadtmoloch die Nase voll hatte. Von der dreckigen U-Bahn, dem ewigen Krach und dem abendlichen Kampf um das letzte Brot beim Bäcker. Stattdessen träumte ich von vielen, vielen Quadratmetern, die man allein bewohnt, von Einkaufszentren mit Riesenparkplätzen auf der grünen Wiese und einem Garten, in dem sonst wer den Rasen mähte. Kurz: Ich überredete ihn, dass wir in einen Vorort irgendwo in Kansas ziehen, uns ein viel zu großes Haus kaufen und dort die Kinder aufziehen sollten, die wir noch nicht hatten, inmitten einer vertrauten Nachbarschaft, ein paar Straßen von meinen Eltern entfernt … meinem Bruder … meinen Großeltern … meinen Tanten und Onkeln, Cousinen und Cousins. Bis heute ist mir schleierhaft, warum er sich darauf eingelassen hat. Wir kauften unser erstes Haus in einem typischen Vorort von Kansas. Einen Monat vor unserer Hochzeit.

Der Tag der Hochzeit begann grau und regnerisch. Die älteren Frauen meiner Familie versicherten mir, eine Hochzeit bei Regen bringe Glück. *Hm.*

Ich versuchte mich auf die letzten Vorbereitungen zu konzentrieren und das Schmuddelwetter zu ignorieren, das mir die Frisur ruinieren würde. Also ging ich, wie geplant, zum Friseur und bezahlte einen Haufen Geld dafür, mir die Mähne bügeln zu lassen, und verlangte, dass der Schleier extra fest angesteckt wurde. Literweise Haarspray sollte dem unansehnlichen Gekräusel, das feuchte Luft aus meinem Haar macht, so weit wie möglich vorbeugen. Dann fuhr ich zu meinen Eltern, wo es letzte Dinge zu erledigen galt.

Mein Kleid wollte ich erst in der Kirche anziehen, aber schminken musste ich mich vorher, weil in der grünlichen Neonbeleuchtung der Kirchentoiletten selbst die glücklichste und gesündeste Braut elend und verbraucht wirkte. Diesen Anblick wollte ich mir ersparen und folgte Schritt für Schritt den Anweisungen für eine »dramatische Augenpartie« aus der Zeitschrift *Mademoiselle*. Außerdem galt es noch, eine Notfalltasche zu packen (eine Anregung der Zeitschrift *Bride*), mit Dingen wie Pflaster (falls man sich irgendwo stach oder schnitt), Strohhalmen (um den Lippenstift nicht an Glasränder zu schmieren), Nadel und Faden (allerdings hätte die Hochzeit verschoben werden müssen, wenn ich etwas Hochzeitsrelevantes hätte nähen müssen) etc. pp.

Und schließlich musste ich mich noch um das Kissen kümmern, auf dem der Ring überbracht werden sollte. Einige Monate zuvor hatte ich irgendwo die Anleitung für ein ebenso schlichtes wie elegantes Kissen gefunden, das meine Tante Ruby dann angefertigt und mir auf der Brautparty überreicht hatte. Es war ganz reizend und passte farblich zu den Kleidern meiner Brautjungfern. Später würde es einen Ehrenplatz auf unserem Ehebett bekommen und stummer Zeuge eines wunschlos glücklichen Lebens sein. Eines Tages würden meine Kinder ihre süßen kleinen Köpfe auf dieses entzückende Kissen legen und mich bitten, ihnen zum x-ten Mal die Geschichte meiner romantischen Hochzeit zu erzählen. Und irgendwann würde meine älteste Tochter es bei ihrer Hochzeit benutzen, denn inzwischen wäre es ein Familienerbstück geworden.

Auf der Fahrt zu meinen Eltern fragte ich mich, wo das verdammte Ding überhaupt steckte. Ich weiß. Eine ordentlichere Braut hätte sich schon vor Wochen darum gekümmert. Aber inzwischen ist Ihnen sicher klar geworden, dass ich kein ordentlicher Mensch bin. Jedenfalls fiel mir auf, dass ich dieses Kissen seit der Brautparty nicht mehr gesehen hatte, und die war etliche Wochen her. Allerdings war ich mir ziemlich sicher, dass es in der Tüte mit dem anderen Hochzeitskram steckte, die ich am Vorabend aus unserem Haus geholt hatte.

Ja, bis zur Hochzeit wohnte ich bei meinen Eltern. In manchen Dingen bin ich nämlich altmodisch. Zwar hatten Ebbi und ich unser Haus schon Anfang des Monats gekauft, aber seine Eltern waren bis zur Hochzeit auch da, und ich hatte keine Lust, für sie zu sorgen, wenn ich mich bei meinen Eltern verwöhnen lassen konnte.

In meinem Elternhaus angekommen stürzte ich mich sofort auf besagte Tüte. Je tiefer ich grub, ohne das Kissen zu finden, desto panischer wurde ich.

»Was tust du da?«, fragte Mom. »Suchst du was?«

»Das Kissen für den Ring! Hast du es gesehen? Ich bin mir ganz sicher, dass ich es in diese Tüte getan habe.«

»Hast du nicht. Ich war doch dabei, als du die Tüte gepackt hast. Ein Kissen war nicht dabei.«

»Sicher?«

»Ganz sicher.«

»Hmmm. Dann muss es im Wandschrank im Flur des neuen Hauses liegen. Ich rufe Ebbi an, er soll nachsehen.«

»Gut. Ich kann rüberfahren und es holen, damit er dich nicht vor heute Nachmittag sieht«, bot Mom an.

»Super. Danke.«

Also rief ich ihn an.

»Japp«, meldete er sich. Er meldet sich immer mit »Japp«, was mich die Wände hochtreibt. Wie schwer ist es, »Hallo« zu sagen? Aber jetzt war nicht die Zeit, mich über Angewohnheiten meines Gatten in spe aufzuregen. Jetzt ging es um mehr.

»Ich bin's«, sagte ich.

»Japp.«

»Hör zu, es gibt ein Problem. Ich kann das Kissen für den Ring nicht finden.«

»Japp.«

»Hör mit deinem bescheuerten ›Japp‹ auf!«, schrie ich. »Wir brauchen dieses verdammte Kissen!«

»Okay, was soll *ich* tun?«, fragte er genervt.

»Schau im Wandschrank im Flur nach! Im obersten Fach liegt eine Plastiktüte. Guck rein und sag mir, ob das Kissen drin ist!«

»Dafür habe ich jetzt keine Zeit«, sagte er.

Wie bitte? Wer sagt denn am Hochzeitstag zu seiner Braut, dass er keine Zeit hat, ein superwichtiges Hochzeitsutensil zu suchen?

Ich holte tief Luft. Schließlich wollte ich am Tag meiner Hochzeit keinen Streit vom Zaun brechen; dazu hatte ich noch ein Leben lang Zeit. »Okay«, sagte ich, so ruhig ich konnte. »Wann, meinst du, hast du dafür Zeit?«

»Keine Ahnung. In zwei Stunden vielleicht.«

»In zwei Stunden sind wir schon in der Kirche«, quiekte ich, verzweifelt um Selbstkontrolle bemüht, aber am liebsten hätte ich mich durch die Telefonleitung gebeamt und ihn erwürgt. »Du musst *jetzt* nachsehen, denn wenn das Kissen nicht im Schrank ist, muss ich überlegen, wo es sonst sein könnte.«

»Warum hast du es nicht gestern mit zu deinen Eltern genommen?«

»Wollte ich ja, aber aus irgendwelchen Gründen ist es nicht in der Tüte. Deswegen meine Bitte, dass du nachsiehst. Jetzt.«

»Verstehe. Aber wie gesagt: Ich habe gerade keine Zeit.«

»Was, zum Teufel, ist denn so wichtig, dass du es ausgerechnet jetzt tun musst?«

»Ich mache meiner Mutter ein Sandwich.« Wieder holte ich tief Luft und beschwor die Ader, die in meiner Schläfe anschwoll, nicht zu platzen. Ich hoffte inständig, dass Ebbis Mutter unterzuckert und dem Koma nahe war, dieses Sandwich also als eine notwendige Erste-Hilfe-Maßnahme durchging. Und dass sie in ihrem unterzuckerten Zustand die Treppe runtergefallen war und sich beide Arme und Beine gebrochen hatte, sich also dieses verdammte Sandwich nicht selbst machen konnte. Ich wartete auf eine Erklärung dieser Art, doch stattdessen fuhr Ebbi fort: »Sie hat Hunger und würde sonst erst heute Abend beim Hochzeitsempfang etwas zu essen bekommen. Außerdem ist es auch für sie ein großer Tag. Jedenfalls muss sie was essen, bevor wir zur Kirche fahren.«

»Grrrmpfff«, war alles, was ich sagen konnte, bevor ich auflegte und »Hurensohn!« brüllte.

Sofort kam Mom angelaufen. »Was schreist du denn so?«

»Er muss seiner Mutter ein Sandwich machen«, bekam ich mit Mühe heraus. Vor Wut konnte ich kaum sprechen. »Ein verficktes Sandwich! Ich habe nicht mal gefrühstückt! Aber Gott möge verhüten, dass seine Mutter eine Mahlzeit verpasst!«

»Schon gut«, versuchte Mom mich zu beruhigen. »Was hat er genau gesagt?«

»Er sagt, er kann jetzt nicht nach dem Kissen suchen, weil er seiner Mutter ein Sandwich machen muss«, heulte ich. »Und dass es auch für sie ein großer Tag ist. Was tu ich hier eigentlich? Was für einen Kerl heirate ich da? Seine Mutter ist ihm wichtiger als ich!«

»Beruhige dich!« Mom streichelte mir über die teure Frisur. »Sag mir lieber, wo du das Kissen vermutest. Ich fahre hin und schaue nach.«

Ich gab ihr eine Liste von fünf, sechs Stellen, an denen ich wichtige Dinge deponierte, um sie dann prompt zu vergessen.

»Du musst zugeben, dass es auch deine Schuld ist«, sagte meine Mom.

»Wieso das denn?«

»Eigentlich kümmert man sich nicht erst am Tag der Hochzeit um das Ringkissen. Obwohl du selbst nicht weißt, wo es sein könnte, regst dich aber darüber auf, dass Ebenezer nicht alles stehen und liegen lässt, um es zu suchen. Dabei bist du es, die keine Ordnung hält.«

»Na und?«, jaulte ich auf. »Dann muss er eben einspringen. Aber das tut er nicht, weil er es wichtiger findet, seiner Mutter zu helfen. Heute Abend werde ich seine Frau. Sollte einem Mann die eigene Frau nicht näher stehen als die Mutter?«

»Du weißt doch gar nicht, was er sich dabei denkt und wie es um seine Mutter steht. Egal wie, ich fahre jetzt los und suche das Kissen. In der Zwischenzeit solltest du vielleicht das Bügeleisen anschmeißen. Deine Haare …«

Ich schaute in den Spiegel und sah, dass sich meine Haare kräuselten und der Schleier verrutscht war. »Dieser verdammte Kerl! Jetzt ruiniert er mir sogar noch das Hochzeitsfoto!«

»Bring einfach deine Haare in Ordnung. Ich hole das Kissen. Wir treffen uns in der Kirche.«

Ich weiß gar nicht mehr, warum meine Eltern vor mir zur Kirche fuhren. Wahrscheinlich um irgendetwas zu arrangieren, das mir super-superwichtig war und fertig sein sollte, bevor die Braut eintraf. Ich weiß nur, dass sie sich fein machten und dann zu meinem neuen Haus fuhren, um meine Schränke zu durchstöbern, während mein Gatte in spe seiner Mutter ein köstliches Schinken-Käse-Sandwich machte.

Nach einer Weile rief meine Mutter an. »Ich habe jetzt alles abgesucht, kann das Kissen aber nirgends finden. Gibt es noch eine andere Ecke, in der du Sachen hortest?«, fragte sie hörbar erschöpft.

»Eigentlich nicht. Hast du im Wandschrank nachgeschaut?«

»Ja.«

»In der Hutschachtel im Keller?«

»Ja.«

»Auf dem Regal in der Garage bei den Klopapiervorräten?«

»Ja.«

»Unter dem Gästebett?«

»Ja.«

»Im Kofferraum von Ebbis Wagen?«

»Ja.«

»Wirklich? Ich hätte schwören können, dass es da irgendwo sein muss. Sonst finde ich dort doch auch alles wieder. Wo könnte es denn sonst sein?«

»Ich habe noch nicht in euren Schlafzimmerschrank geguckt«, sagte Mom.

»*Nein!*«, brüllten Ebbi und ich synchron.

Im Schlafzimmerschrank bewahrt man schließlich seine … Sachen auf. Ich besaß einen ganzen Karton voll frivoler Betthupferl, die meine Mutter nicht zu sehen brauchte.

»Ich sehe nach«, sagte Ebbi.

»Wow, das hat ihn plötzlich auf Trab gebracht«, sagte Mom überrascht. »So schnell habe ich ihn heute noch nicht gesehen!«

Ich seufzte. Er liebte mich also doch. Oder er hatte Angst, wie *seine* Mutter reagieren würde, wenn *meine* Mutter ohnmächtig zu Boden ginge, nachdem sie unsere Liebesspielzeuge entdeckt hätte.

Ebbi und meine Mutter nahmen das ganze Haus auseinander, das Kissen fanden sie nicht. Ich weinte mir eine Stunde lang die Augen aus und ruinierte das mühsam applizierte *Made-*

moiselle-Make-up. Meine »dramatische Augenpartie« glich jetzt eher den Augenlöchern einer Vogelscheuche.

Als Tante Ruby kam, um mich zur Kirche abzuholen, war sie von meinem Anblick schockiert.

»Ich habe dein Kissen verloren!«, schluchzte ich hysterisch.

Sie wischte mir die (offenbar falsch etikettierte) wasserfeste Wimperntusche von den Wangen und trocknete meine Tränen. Dann tackerte sie den Schleier in meiner Betonfrisur fest und strich ihn glatt.

»Na und?«, sagte sie. »Es ist doch bloß ein Kissen.«

»Er hat seiner Mutter ein Sandwich gemacht!«, schluchzte ich.

»Was?«, fragte Tante Ruby.

»Seiner Mutter! Er hat ihr ein Sandwich gemacht, statt das Kissen zu suchen!«

»Aber du bist doch diejenige, die es verlegt hat«, sagte Tante Ruby.

»Ja, aber …«

Tante Ruby schnitt mir das Wort ab. »Du heiratest heute! Die Liebe deines Lebens! Das ist wichtiger als irgendwelche Sandwiches!«

»Und das Kissen? Wie soll man uns den Ring übergeben?« Ich nahm ein Taschentuch aus der Notfalltasche.

Tante Ruby schaute sich um. Es war Ende Oktober, und was Deko angeht, hat meine Mutter etwas Obsessives. In der Weihnachtszeit fährt sie immer die schwersten Geschütze auf, aber ihre Halloween-Dekos sind auch nicht ohne. Das ganze Haus war ein einziges Herbstfestival.

»Was ist mit den Kürbissen?«, fragte Tante Ruby und rupfte einen kleinen metallenen Kürbis mit Henkel aus einer üppigen Szenerie mit Hexen und Gespenstern. »Der Ring kann auf diesem Kürbis überbracht werden. Das sieht bestimmt ganz süß aus. Alle werden aus dem Häuschen sein.«

Sie hatte recht. Alle fanden das Kürbis-Eimerchen ganz goldig, vor allem zum Transport eines Eherings.

Als ich endlich einen Moment allein mit Ebbi hatte, konnte ich mir nicht verkneifen, auf die Sandwich-Episode zurückzukommen. »Wie hat deiner Mutter das Sandwich geschmeckt?«, fragte ich, als wir spät abends zusammen tanzten.

»Es ist nie fertig geworden«, sagte er. »Ich musste ja verhindern, dass deine Mutter dein Sexspielzeug findet.«

Ihn zu heiraten, war also kein allzu großer Fehler gewesen. Schließlich waren ihm mein Vibrator und ich wichtiger als seine Mutter und ihr Sandwich.

GATTE ODER PUTZFRAU – KEINE LEICHTE WAHL

Ich glaube, meine Putzfrau ist mir wichtiger als mein Mann. Nein, stimmt nicht. Ich *weiß*, dass sie mir wichtiger ist. Und ich scheue mich nicht, es beiden zu sagen.

Weder Ebbi noch ich sind gut in Hausarbeit. Deswegen war unser erstes halbes Jahr als glücklich Vermählte nicht ganz so glücklich. Wir hatten noch keine Routine im Aufteilen der Hausarbeit und verschwendeten viel Zeit mit Streitereien, wer dran war, die Küche zu wischen oder die Toilette zu putzen. Nachdem wir uns wochenlang angegiftet hatten, während unser Haus im Chaos versank, wussten wir, dass etwas passieren musste.

Ich suchte Zuflucht in einer Methode, die meine Mutter anwandte, wenn ich als Kind den Hausputz verweigerte, und schrieb eine Liste mit allem, was zu tun war. Dann teilte ich die verschiedenen Arbeiten auf, sodass jeder von uns jede Woche für etwas anderes zuständig war. Dabei versuchte ich, fair zu sein. Eine Woche war ich beispielsweise fürs Toiletteputzen und er fürs Staubsaugen zuständig, in der nächsten ging es dann umgekehrt. Angenehme und unangenehme Tätigkeiten versuchte ich gerecht zu verteilen.

Die erste Woche klappte recht gut; da war ich fürs Badezimmer zuständig. Aber in der nächsten, als Ebbi mit dem Bad dran war, meldete er Zweifel an der Fairness der Liste an. Sie sei ungerecht, weil er keine »Erfahrung« im Kloputzen und Bodenwischen habe (als hätte ich mein Studium durch einen Nebenjob als Putzfrau finanziert) und die Arbeit nicht adäquat erledigen könne. Statt ihm diesen Drecksjob zweimal im

Monat zuzumuten, sei es besser, ich übernähme ihn jede Woche, während er sich auf seine Kernkompetenz konzentriere, sprich: den Müll runterbringen und bei Bedarf staubsaugen.

Sie können sich vorstellen, dass es kein gesittetes Gespräch war. Wenn ich mich recht erinnere, endete es damit, dass ich der Liebe meines Lebens an den Kopf warf: »Fick dich doch selbst! Ich fasse nicht, was für ein Sensibelchen du bist! Wie kommst du eigentlich auf die Idee, ich sei für Hausarbeit in irgendeiner Weise geeigneter als du?«

Einig waren wir uns lediglich in der Einschätzung, dass die Sache mit der Liste nicht funktionieren würde. Trotzdem wollten wir nicht im Dreck versinken. Also: was tun? Die Zeit drängte. Der Schlafzimmerfußboden war unter Bergen schmutziger Wäsche kaum noch zu sehen. Auch Geschirr hatten wir kaum noch, sodass ich schon überlegte, neues anzuschaffen, denn Abwaschen kam für uns beide nicht infrage. Zu diesem Zeitpunkt benutzte ich die Toilette des großen Badezimmers nicht mehr, weil Ebbi sich weigerte, im Sitzen zu pinkeln.

Wir stritten uns immer häufiger, bis schließlich das Wort »Paartherapie« fiel. Dabei hatte ich immer gedacht, eine Paartherapie (und die Erneuerung des Ehegelübdes) sei der Todeskuss für jede Ehe. Ich kenne kein Paar, das so eine Rosskur ohne bleibende Schäden überlebt hat. Was soll auch dabei herauskommen, wenn man sich in ein steriles Sprechzimmer setzt und mit einer wildfremden Person darüber debattiert, ob Kloputzen und Männlichkeit vereinbar sind? Von erneuerten Ehegelübden will ich gar nicht erst anfangen! Als Erste sind irgendwelche Promis auf diesen Schwachsinn gekommen. Zehn Tage nachdem die Klatschpresse über eine Beziehungskrise spekuliert hat, findet man eine zehnseitige Fotostrecke im *People Magazine* über eine superromantische Ehegelübdeerneuerungszeremonie auf Hawaii oder so. Sechs Monate darauf ziert das Paar dann wieder die Titelseiten, weil es sich – welche Überraschung! – scheiden lässt. Mittlerweile folgen immer mehr Normalsterbliche diesem Beispiel. Auch in meinem Bekanntenkreis. Bankkonten werden geplündert, um irgendwo in den Tropen diese Nummer durchzuziehen. Kurz darauf erfährt man dann, dass ER schon immer ein Schürzenjäger war, der nichts anbrennen ließ, und SIE sich von dem erneuerten Gelöbnis seine Verwandlung versprochen hat – natürlich vergebens. Um es kurz zu machen: Für Ebbi und mich kommt so etwas nicht infrage. Wenn ohnehin schon die Kosten für einen Scheidungsanwalt auf uns zukommen, halsen wir uns ganz bestimmt nicht noch zusätzlich eine teure Tropensause auf! Unsere Knauserigkeit hat den amüsanten Nebeneffekt, dass wir im Fall der Fälle dann über eine größere Summe streiten können.

Vielleicht verstehen Sie jetzt, warum es mir kalt den Rücken herunterlief, als auch bei uns plötzlich von »Paartherapie« die Rede war. Ein halbes Jahr nach der Hochzeit sollten wir bereits den Totengräber für unsere Ehe bestellen? Etwas musste passieren. Aber was? Eines Tages, als der Streit und der Dreck bei uns wieder mal eskalierten, fiel es mir wie Schuppen von den Augen: Wir brauchten keinen Putzplan, keine Paartherapie, keinen Palmenstrand. Was wir brauchten, war eine Putzfrau!

Eine Bedingung, die Ebbi an seinen Umzug von New York nach Kansas geknüpft hatte, war: keine Gartenarbeit. Seine Samstage mit Rasenmähen und Heckeschneiden zu verbringen war sein größter Albtraum. Außerdem ist er in so was grottenschlecht. Hätte Ebbi den Garten übernommen, wäre unser Haus binnen Kürzestem zugewachsen, und die Gemeindeverwaltung hätte uns nicht aufgefordert, unseren Garten in Ordnung zu bringen, sondern eine Rodung angeordnet, um das Haus freizulegen. Also hatten wir jemanden angeheuert, der sich regelmäßig um den Garten kümmerte, und Ebbi konnte am Wochenende die Beine hochlegen und stolz seinen sattgrünen, gepflegten Rasen betrachten.

Eine Putzfrau würde also als Indoor-Äquivalent zum Gärtner unsere Ehe retten.

Das Problem war nur: Putzfrauen sind nicht billig, und Ebbi hängt an seinem Geld. Also musste ich geschickt vorgehen, wenn er mit meinem Plan einverstanden sein sollte.

Bevor er an diesem Abend heimkam, sagte ich mir immer wieder: *Sachte, Jen! Gaaanz sachte!* Um dann, kaum hatte er das Haus betreten, herauszuplatzen: »Unsere Ehe geht den Bach runter, Ebbi! Wir sind total am Arsch! Wenn wir nicht schon vor unserem ersten Hochzeitstag geschieden sein wollen, brauchen wir eine Putzfrau. Und zwar bald. Noch diese Woche!«

Ebbi dachte circa eine halbe Sekunde nach und sagte dann: »Weißt du was? Du hast recht. Okay.« Wir nehmen unser Eheversprechen nämlich ernst und scheuen keine Mühen, um uns das Prickeln, die Schmetterlinge im Bauch zu erhalten – selbst wenn wir zu diesem Zweck Personal für die Drecksarbeit brauchen. »Sehr vernünftig, Jen. Wenn unsere Heizung ausfällt, fummeln wir ja auch nicht dran herum, sondern holen einen Profi, und wenn unser Wagen neue Bremsbeläge braucht, geben wir ihn in die Werkstatt. Warum sollten wir also nicht auch für den Hausputz einen Profi anheuern?«

So einfach war das. Nun musste ich nur noch die geeignete Person finden und hatte keine Ahnung, wie. Zuerst schaute ich ins Internet, aber die Leute, die dort ihre Dienste anboten, waren womöglich allesamt Serienmörder oder wollten uns ausrauben. Wer traut schon einer Online-Annonce? Ich brauchte eine persönliche Empfehlung von jemandem, dem ich trauen konnte.

Also versuchte ich es im Schwimmbad unseres Viertels, denn ich wusste, dass etliche Nachbarn Putzfrauen hatten, die Wischmobs, Eimer und Besen aus ihren Autos wuchteten, wenn sie unter der Woche frühmorgens vorfuhren. Zielstrebig ging ich auf ein Grüppchen sonnenbadender Nachbarsfrauen am Planschbecken zu und sagte: »Hallo zusammen! Ich wollte mal fragen, ob mir eine von euch eine Putzfrau empfehlen kann.«

Brandy richtete sich in ihrem Liegestuhl auf und sagte: »Wir haben unser Hausmädchen seit zwölf Jahren. Sie ist ein Schatz, praktisch Teil der Familie.« Ach, du liebe Zeit! Ein Hausmädchen! Ich hätte es ahnen sollen.

»Ich dachte weniger an ein Hausmädchen, eher an eine ganz gewöhnliche Putzfrau, die einmal die Woche saubermacht«, sagte ich.

»Sag ich doch, Jen«, sagte Brandy. »Genau wie unser Mädchen.«

»Ach so. Ich dachte, ein ›Mädchen‹ wohnt bei einem im Haus.«

»Himmel, nein! Ich will doch nicht mit Martina unter einem Dach wohnen!«

»Ich dachte, du magst sie. Gibst du mir ihre Nummer?«

»Tut mir leid. Martina putzt nur bei mir und meiner Stiefmutter. Das ist uns lieber.«

»Aha. Dann hast du also keinen Tipp für mich. Dein … Mädchen ist voll ausgelastet?«

»Genau. Aber du solltest dir unbedingt eins zulegen. Hoffentlich findest du ein gutes.«

»Danke.«

Teri im Liegestuhl daneben meldete sich zu Wort: »Ich kann dir sagen, wen du *nicht* nehmen darfst. Ich hatte die letzten sechs Jahre zehn verschiedene, und keine war mir gründlich genug. Ich bekomme die Krise, wenn ich hinter meine Waschmaschine oder den Geschirrspüler schaue und den Staub dort sehe! Wie schwer kann es denn sein, die Geräte einmal pro Woche von der Wand abzurücken und dahinter zu staubsaugen?«

»Man muss hinter der Waschmaschine und dem Geschirrspüler saugen?«, fragte ich völlig entgeistert. Davon stand nichts in meinem Putzplan!

»Also wirklich, Jen! Wenn sich hinter elektrischen Geräten Staub und Dreck ansammelt, besteht akute Brandgefahr! Rückst du etwa auch deinen Kühlschrank nicht regelmäßig von der Wand ab?«

Sie sah, wie verwirrt ich war, und machte eine wegwerfende Handbewegung. »Dann nimm doch einfach eine von den zehn, die ich gefeuert habe. So wichtig scheint dir dein Haus ja nicht zu sein. Ruf mich heute Abend an, wenn du ihre Telefonnummern haben willst.«

Lynn, die auf einer Luftmatratze neben ihrer Tochter im Planschbecken trieb, sagte: »Du hast ja nicht mal Kinder. Dabei machen die doch den meisten Dreck. Wozu brauchst du überhaupt eine Putzfrau?«

»Na ja … Wir sind beide berufstätig«, sagte ich und hoffte, dass diese Ausrede gut genug war.

»Ich dachte, du arbeitest überwiegend zu Hause«, sagte Lynn.

»Ja, schon …«

»Dann musst du deinen Tag anders organisieren. Nimm dir jeden Tag eine Stunde Auszeit von der Arbeit und putze irgendetwas im Haus. Das gilt auch für deinen Mann. Bei zwei Stunden Hausarbeit pro Tag ist es bei euch bald blitzblank!«

»Ja, natürlich. Aber wir hassen durchgetaktete Tage und würden lieber jemanden einstellen, auf den wir uns verlassen können.«

»Ich kann mir gar nicht vorstellen, einer Fremden das Putzen zu überlassen«, mischte Cindy sich ein. »Dann könnte man genauso gut seine Kinder von Fremden aufziehen lassen. Es ist doch euer Haus! Euer Dreck! Es muss doch furchtbar peinlich sein, eine wildfremde Frau hinter einem herräumen zu lassen.«

»Alles klar. Danke, Ladys! Ich schaue dann mal im Internet nach, ob nicht irgendeine Serienmörderin einen Putzjob sucht.«

Das tat ich dann aber doch nicht, sondern hörte mich weiter um, bis ich Rosa fand. Um sie bezahlen zu können, beschlossen Ebbi und ich, auf Dinge wie Reisen, Kino- und Konzertbesuche zu verzichten und nur noch in Restaurants zu gehen, wo zwei Personen zum Preis von einer essen konnten oder gerade Rabattaktionen liefen. Ein Opfer, das wir gern brachten, wenn es bedeutete, dass wir uns nicht mehr anschrien und den Fußboden im Schlafzimmer wieder sehen konnten.

Rosa war großartig. Sie putzte nicht nur die Toiletten und den klebrigen Küchenfußboden, sondern scheute auch sonst vor nichts zurück.

Eines Tages brachte mich der neugeborene Gomer beim Stillen zur Verzweiflung, weil er meine Nippel irgendwie nicht richtig zu fassen bekam. Ich weinte, er schrie, und Rosa kam nachsehen, was der Lärm zu bedeuten hatte. »Ich glaube, ich muss eine Stillberaterin anrufen«, schluchzte ich.

»Immer Ruhe!«, sagte Rosa. »Ich nix wissen, was ist Stillberaterin, aber ich da. Ich helfen. Machen Sie frei … oben rum. Besser, wenn …« Sie suchte nach dem rechten Wort. »T-Shirt nix helfen.«

»Ich soll es ausziehen?«, fragte ich.

»Ja. Nix T-Shirt. Sein im Weg und machen Baby schwitzen. Ziehen aus!«

Es war mir unangenehm, aber vermutlich hatte sie recht. Bevor ich groß protestieren konnte, zog sie mir das T-Shirt über den Kopf. Dann warf sie den Wischmob in die Ecke, rollte die Ärmel auf und – sie hatte übrigens acht Kinder – stopfte Gomer meinen rechten Nippel in den Mund. Sofort fing er an zu saugen. Rosa blieb eine halbe Stunde bei uns sitzen, passte auf, gab mir noch diesen und jenen Tipp und ermunterte Gomer, immer schön weiterzumachen. Anders als vereinbart wechselte sie an diesem Tag zwar nicht die Bettwäsche, aber ihr Geld hatte sie sich redlich verdient.

Vor einigen Jahren jagte sie uns jedoch den Schreck unseres Lebens ein, als sie anrief und sagte, sie werde für eine Weile nach Mexiko fliegen, um ihre Familie zu besuchen. Das an sich war noch nichts Außergewöhnliches, denn das tat sie mehrmals im Jahr, während ihr Mann hierblieb und sich um die Kinder kümmerte. In fünf Wochen, sagte sie, würde sie wieder zum Putzen kommen. Ich trug den Termin in meinem Kalender ein, lehnte mich zurück und sah zu, wie sich der Staub in den Zimmerecken sammelte.

Kurz vor Rosas Rückkehr wurde ich hektisch und legte den Klassiker hin: putzen, bevor die Putzfrau kommt. Die Post von Wochen lag auf dem Küchentresen, hinter der Haustür hatte sich ein Schuhberg aufgetürmt, Schmutzwäsche lag überall herum, und Dutzende Legosteine und Barbie-Sachen mussten aufgesammelt werden, damit sie nicht im Staubsauger landeten. Gegen Abend war ich völlig erschöpft, aber immer noch nicht fertig. Gomers Zimmer war ein einziges Chaos, auf meinem Schreibtisch lag ein Haufen Arbeit und mein Facebook-Account brauchte dringend ein Update. Bevor ich mich unnötig verrückt machte, rief ich Rosa an, um mich zu vergewissern, ob sie wieder im Lande war und am nächsten Tag wirklich zum Putzen kommen würde. Wie gesagt: Ich musste mich dringend um meinen Facebook-Account kümmern, und wenn ich das jetzt tun konnte, statt für die Putzfrau vorzuputzen …

Ich erreichte nur Rosas Anrufbeantworter und hinterließ eine Nachricht. »Hallo, Rosa, ich bin's, Jen. Ich hoffe, Sie hatten eine schöne Zeit in Mexiko, und wollte nur fragen, ob Sie morgen kommen. Wenn nicht, ist das auch okay. Ich möchte es nur wissen …«, *weil ich keine Lust habe, Gomers Zimmer auf-*

zuräumen. »Also rufen Sie doch bitte zurück, damit ich Bescheid weiß. Danke.«

Dann beschloss ich, mir eine Pause zu gönnen. Als ich zwei Stunden später wieder auf die Uhr schaute, hatte ich nur meinen Facebook-Account aufgemöbelt und meine Sommerklamotten durchprobiert (wenn ich schon am Aufräumen war, konnte ich schließlich auch meinen Kleiderschrank durchsehen, oder?). Rosa hatte sich in der Zwischenzeit nicht gemeldet. Es wurde schon spät, und wenn ich mit dem Vorputzen fertig werden wollte, musste es in der nächsten Stunde passieren, bevor Gomer schlafen ging. Also versuchte ich es noch einmal bei Rosa.

»Hallo?«

»Oh, Rosa! Sie sind ja da! Wie war die Reise?«

»Hi, Jen. Reise gut. Aber besser, wieder hier sein.«

»Verstehe. Dann kommen Sie also morgen? Ich hoffe, bis dahin alles in Ordnung zu bringen, bin mir aber nicht sicher, ob ich es schaffe. Ich hatte heute furchtbar viel zu tun«, log ich.

»Ich nix kommen.«

Um die Wahrheit zu sagen: Ich war erleichtert. Dann konnte ich ja mit meinem Kleiderschrank weitermachen. »Gut. Dann vielleicht Samstag oder Sonntag?«

»Nein, nix möglich.«

Ich war perplex. Sonst passte es Rosa am Wochenende immer besonders gut. »Nein? Wann denn?«

»Ich nix mehr kommen. Ich umziehen.«

Was, verdammt, sollte das heißen? Ich musste mich setzen, weil mir schwindelig wurde. »Was sagen Sie? Sie sind umgezogen?«

»Mann umziehen. Ich hinterherziehen. Ich gestern zurück von Mexiko, aber Mann und Kinder weg. In St. Louis. Kinder schon in Schule dort.«

Das darf doch nicht wahr sein! »St. Louis?«

»Ja. Er anrufen, sagen: ›Kommen her zu uns in St. Louis.‹ So ich umziehen.«

»Sind Sie schon dort?«

»Ja. Sie St. Louis kennen?«

Himmel hilf! »Ja, ich habe davon gehört. Aber ich muss erst mal den Schock verdauen, dass Sie nicht mehr kommen. Wow! Ich dachte, wir sehen uns morgen.«

»Ich weiß. Aber jetzt wohnen St. Louis. Javier haben Job hier, Kinder in Schule. Ich nix allein wollen in Kansas.«

»Nein, natürlich nicht. Sie gehören zu Ihrer Familie.«

»Genau. Und Familie jetzt in …«

»Ich weiß. St. Louis.«

»Ja. Ist schön hier.«

»Das freut mich. Nun … Was soll ich sagen? Alles Gute, Rosa!«

Mit gemischten Gefühlen legte ich auf.

1. Jippieh! Ich konnte relaxen, noch einen Blick auf meinen Facebook-Account werfen und Gomers Zimmer lassen, wie es war.
2. Verdammt, ich musste eine neue Putzfrau finden! Dieses Mal besser eine, die hinter dem Kühlschrank staubsaugte. Seit ich mit Teri gesprochen hatte, wurde ich bei der Vorstellung, was sich dort ansammelte, immer nervöser. Nicht nervös genug, um das Ding selbst von der Wand abzurücken und dahinter zu putzen, aber … nun ja, nervös halt.
3. Diese verfluchte Rosa! Acht Jahre hatte sie bei uns geputzt. Wann wollte sie mir sagen, dass sie nach fucking St. Louis gezogen war und *morgen* nicht kommen würde?
4. Unsere Ehe war wieder in Gefahr. Rosa hatte uns vor einer Paartherapie bewahrt. Inzwischen waren Kinder im Spiel. Die Situation war ernster denn je.
5. Sagte Rosa überhaupt die Wahrheit, oder hatte sie von un-

serem Dreckstall einfach nur die Nase voll, traute sich aber nicht zu kündigen?

Als ich Ebbi die Neuigkeit mitteilte, entschied er sich spontan für Nummer 5. »Bravo, Jen! Du hast sie in die Flucht geschlagen!«

»Wer? Ich?«

»Ja, du. Beim Vorputzen hast du immer ziemlich geschlampt, und sie hatte es nicht leicht. Und das letzte Mal, als sie hier war, hast du gefragt, ob sie eigentlich hinter dem Trockner saugt.«

»Aber …«

»Wahrscheinlich hat das das Fass zum Überlaufen gebracht.«

»Dann meinst du also nicht, dass sie nach St. Louis gezogen ist?«

»Niemals! Ruf Marci an und frag, ob Rosa bei ihr auch gekündigt hat!«

»Das kann ich nicht. Was, wenn Marci nicht versteht, wovon ich rede? Dann weiß sie, dass Rosa uns den Laufpass gegeben hat. Ich würde vor Scham in den Boden versinken!«

»Wenn der nicht mit Dreckwäsche überhäuft wäre. Aber du solltest dich tatsächlich schämen, wenn Rosa dich nach all den Jahren nicht mehr ertragen kann und uns sitzen lässt. Was machen wir denn jetzt?«

»Keine Ahnung. Ich muss einen Ersatz finden. Vielleicht hat Teri ja noch die Nummern der Putzfrauen, die sie gefeuert hat.«

»Jedenfalls musst du dich beeilen. Ich habe keine Lust, zur Paartherapie zu gehen.«

Zwei Wochen lang sah ich mich nach einer neuen Putzfrau um, aber keine erschien mir so vertrauenswürdig wie Rosa. Obwohl ich längst nicht mehr stillte, fragte ich mich bei jedem Bewerbungsgespräch: »Würde ich diese Frau meine Brüste begrapschen lassen?«

Langsam wurde die Lage kritisch. Bei Facebook hatte ich sogar schon eine Seite kreiert, auf der User »Ideen zur Erneuerung des Ehegelübdes« beisteuern konnten. Dann klingelte eines Tages das Telefon.

»Hallo?«

»Jen?«, fragte eine vertraute Stimme.

»Rosa?«

»Ja. Gehen Ihnen gut?«

»Nein, gar nicht. Und Ihnen?«

»Auch nix gut. Ich Sie vermissen.«

»Ich Sie auch, Rosa!«

»Ich St. Louis hassen.«

»Ach, dann sind Sie tatsächlich umgezogen?«

»Natürlich. Was Sie dachten, Jen?«

»Ach, egal. Sie sagten, Sie hassen St. Louis?«

»Ja. Kinder auch.«

»Tatsächlich?« Ich spürte ein Kribbeln der Hoffnung. Wenn Rosa St. Louis hasste *und* die Kinder dort auch nicht glücklich waren, würde sie vielleicht …

»Javier auch St. Louis hassen.«

YES! Ich versuchte, ganz cool zu bleiben bzw. zu wirken. Rosa hatte mich gekränkt, aber das brauchte sie nicht zu wissen. »Ach ja?«, fragte ich verhalten.

»Ich Samstag kommen, Jen?«

O bitte, lieber Gott! Bitte, bitte! »Samstag? Ich denke, das passt.«

»Ich auch hinter Trockner putzen, wenn Sie wollen.«

»Nein!« Ich hatte sie gerade zurückgewonnen und wollte das Schicksal nicht herausfordern, indem ich ihr zu viel abverlangte. »Wir lassen es bei dem alten Putzplan, Rosa. Tun Sie einfach, was Sie am besten können.«

»Okay, Jen. Ich Samstag kommen.«

»Rosa …«

»Ja, Jen?«

Ich zögerte. Sollte ich es wirklich sagen? Wenn nicht, würde ich platzen. Aus gegebenem Anlass hatte ich während Rosas Abwesenheit Unmengen von Artikeln über Ehekrisen gelesen. Alle waren sich einig. Das Allerwichtigste ist, dass man den Partner wissen lässt, wie sehr man ihn liebt und wie viel er einem bedeutet – und zwar laut und deutlich ausgesprochen. Also sagte ich es. »Rosa, ich liebe Sie!«

»Ich wissen, Jen.«

EINE UNVERGESSLICHE PARTY

Lange vor unserer Putzfrauen- und Ehekrise freuten wir uns auf unseren ersten Sommer in Kansas. Ich hatte gerade einen Job bei einem großen Büroausstatter angenommen. Noch waren die meisten, mit denen wir Kontakt hatten, meine Verwandten und Bekannten von früher. Wir beschlossen also, unseren Freundeskreis zu erweitern. Da traf es sich gut, dass meine Kollegin Maryanne uns zu ihrer Party am vierten Juli, dem Nationalfeiertag, einlud.

»Woher kennst du diese Frau noch mal?«, fragte Ebbi, als wir zu ihr fuhren, er am Steuer, ich balancierte ein wackelndes Tablett voll Russischer Eier auf den Knien.

»Sie arbeitet im Zimmer nebenan, und da die Wände aus Pappe sind, höre ich sie den ganzen Tag telefonieren. Sie betreut ein paar Großkunden und verkauft offenbar jeden Tag ganze Wagenladungen Aeronstühle, während ich mir den Mund fusselig rede, um einem Kunden eine Schachtel Büroklammern anzudrehen.«

»Und du bist dir sicher, dass wir das Feuerwerk von ihrem Haus aus sehen können?« Ebbi ist ein verkappter Pyromane.

»Ja«, seufzte ich. »Maryanne wohnt gleich neben dem Park, wo es stattfindet. Sie sagt, vom Garten hinter ihrem Haus hat man eine 1A Sicht. Außerdem ist es doch viel schöner, wenn wir uns nicht zwischen die Schaulustigen im Park drängeln müssen.«

»Hauptsache, wir sehen das Feuerwerk!«

»Ich weiß.« Wieder seufzte ich und dachte: *Er will immer nur das Eine!* Zu dem Zeitpunkt wusste ich noch nicht, dass seine Haltung eine gute Vorbereitung auf die Zeit mit Kindern war.

»Warum mussten wir uns eigentlich so in Schale werfen?«, fragte er und zerrte an seinen »guten« (vulgo: sauberen) Shorts herum, die anzuziehen ich ihn gezwungen hatte.

»Was heißt denn ›in Schale werfen‹? Du trägst, verdammt noch mal, Shorts, die übergebügelt gehören. Also entspanne dich! Ich bin diejenige, die sich in ein Kleid gezwängt hat, damit wir nett rüberkommen. Maryanne ist sehr gut in ihrem Job und könnte mich in der Firma unter ihre Fittiche nehmen. Ich will sie mir warmhalten. Keine Ahnung, wen sie sonst noch eingeladen hat, aber dieses eine Mal will ich einen guten ersten Eindruck machen. Meine Mutter sagt immer, dass man niemals overdressed sein kann, höchstens underdressed.«

Wir klingelten an der Tür, und eine Frau mit kreischroten Haaren und dem knappsten Bikini, den ich je gesehen hatte, ließ uns herein. Dass die winzigen Stofffetzen in Farben und Muster der Nationalfahne nachempfunden waren, machte den Anblick nicht seriöser. Natürlich kennt man solche Bikinis aus Zeitschriften, aber dort werden sie immer von durchtrainierten, gebräunten, superschlanken Zwanzigjährigen getragen. Dieser hier schmückte jedoch eine Fünfzigjährige mit Lederhaut. Alles an ihr hing – mit Ausnahme ihrer Brüste. Die waren riesig, nagelneu und wirkten wie Bälle, die ihr jemand angetackert hatte. *Heilige Scheiße, wo sind wir hier hingeraten?*

»Maryanne?«, fragte ich unsicher. Vielleicht verkaufte sie gerade einen Scanner/Kopierer/Drucker per Telefon und hatte ihre frisch vom Schönheitschirurgen heimgekehrte Schwester zur Tür geschickt, um die neuen Gäste zu empfangen.

»Joslyn!«, lallte das Busenwunder und fiel mir um den Hals. »*Ich* bin's doch!«

Beinahe wäre ich an ihrer Dunstwolke erstickt – einer Mischung aus Sonnencreme, Schweiß und Hochprozentigem. »Jen«, korrigierte ich sie.

»Ach ja. Jen. Schön, dass ihr gekommen seid. Immer herein! Die anderen sind schon da.«

»Du sagtest, man soll kommen, wann man mag. Wir wollten auf jeden Fall rechtzeitig zum Feuerwerk da sein.«

»Verstehe. Aber ihr habt eine Menge verpasst. Schade. Egal, nun seid ihr ja da. Die anderen sind noch im Pool. Springt doch auch rein! Habt ihr Badezeug dabei?« Sie musterte mich von Kopf bis Fuß.

»Nein. Einen Pool hattest du nicht erwähnt.«

»Echt nicht? Auch nicht den Whirlpool?«

»Ist schon okay. Ich fühle mich im Badeanzug sowieso nicht besonders wohl.«

»Hey, interessant! Aber nur zu! Ihr wärt nicht die ersten Nacktärsche in meinem Pool.«

»Aber ich kann nicht schwimmen«, sagte Ebbi schnell. Das war nur halb gelogen.

»Auch egal. Kommt erst mal rein.« Maryanne führte uns durch ihr durchgestyltes Haus. An den Wänden hingen professionell gemachte Familienfotos. Maryanne und drei Teenager, die im Partnerlook in einem Weizenfeld posierten, hingen über dem Sofa. Über dem Klavier hingen Maryanne und die drei Gören ausgelassenen tobend, in Jeans und weißen T-Shirts. An einem großen Kühlschrankmagneten in der offenen Küche hing ein Foto von Maryanne, wie sie in ihrem roten Businesskostüm lässig an einem Farbkopierer, dem Spitzenprodukt unserer Firma, lehnte. Als ich dieses Foto sah, stieß ich Ebbi an und flüsterte: »Das ist die wahre Maryanne.«

»Ich glaube, du irrst dich, Jen«, flüsterte er zurück. »Das hier ist die wahre.« Er zeigte auf die gebräunten Pobacken, die neben dem String des Bikinitangas hervorquollen. Erst jetzt sah ich, dass es nicht mal ein normales Bikinihöschen war.

»Schaut mal, wen ich mitgebracht habe!«, rief Maryanne, als wir auf die Terrasse traten. »Joslyn nebst Göttergatte!«

Allgemeines Hallo ertönte aus dem Pool. Ich versuchte zu sehen, wer alles da war. Angeblich hatte Maryanne die halbe Firma eingeladen. Irgendjemand würde also da sein, den ich kannte. Doch ich blickte in lauter fremde Gesichter. Alle waren um die fünfzig und trugen genauso wenig Stoff am Leib wie Maryanne.

»Hi, Mädel!«, rief ein breitbrüstiger Kerl in Minishorts und grinste mich an.

»Hallo«, sagte ich.

»Mal den Whirlpool ausprobieren? Gute Sache, das!«

»Ähm … nein danke.« Ich schaute mich nach Ebbi um. Bestimmt hatte er etwas dagegen, dass seine frisch Angetraute von einem Halbnackten angeflirtet wurde. Aber ich konnte ihn nirgends entdecken.

»Maryanne sagt, du hast deinen Bikini vergessen«, sagte der Breitbrüstige. »Das macht nichts. Elliot hat seine Badehose auch nicht dabei.« Er zeigte auf einen Glatzkopf, der den Whirlpool sichtlich genoss.

»Ich gehe immer ohne.« Elliot lachte.

»Er nun wieder!«, kreischte Maryanne und glitt neben Elliot in den Whirlpool. Bevor ich den Blick abwenden konnte, begannen sie hemmungslos zu fummeln.

»Meine Eier!«, schrie ich erschrocken auf. Merkwürdig, dass ich ausgerechnet jetzt daran dachte. »Ich muss sie aus dem heißen Wagen holen, sonst werden sie schlecht. 'tschuldigung!«

Ich drehte mich um und hörte Elliot rufen: »Komm zurück, wenn du das mit deinen Eiern geregelt hast, Joslyn! Ich halte dir einen Platz an meiner grünen Seite frei. Maryanne hat nichts gegen Gesellschaft, nicht wahr, Babe?«

»I wo!«, flötete Maryanne. »Je mehr, je besser.«

Heilige Scheiße! Das hier war keine normale Party mit Arbeitskollegen. Diese Leute waren Swinger! Und zwar keine attraktiven. Warum sind Swinger oft so abstoßend? Müssen es ausgerechnet fette alte Männer mit Pferdeschwänzen und faltige Frauen mit falschen Brüsten sein? Warum werde ich nicht zu Swingerpartys eingeladen, wo *ich* unter lauter schönen Schwänen das einzige hässliche Entlein bin?

Ich rannte durchs Haus, holte das Tablett mit den Eiern und trug es zum Buffet, das Ebbi bereits seelenruhig plünderte. »Das sind Swinger!«, flüsterte ich aufgebracht. »Die wollen Sex mit uns!« Ich nahm ihm seinen vollen Pappteller weg und warf ihn in den Müll. »Rühre bloß nichts an! Wir dürfen diesen Leuten nichts schulden, sonst müssen wir mit Blowjobs bezahlen!«

»Was redest du da, Jen?« Ebbi nahm sich einen neuen Teller und begann, ihn zu beladen.

»Finger weg vom Essen! Hör zu! Ich bin gerade zu einem Dreier mit Maryanne und einem Kerl eingeladen worden! Und ein Wichser ohne Badehose hat ebenfalls Interesse!«

»Echt? Ist auch jemand für mich dabei?«

»Ha-ha, sehr witzig! Die meinen es ernst, Ebbi! Wir müssen hier weg, sonst fallen die noch über uns her!«

»Unsinn! Diese Leute sind doch viel zu alt und betrunken. Der Nudelsalat ist übrigens köstlich, den musst du unbedingt probieren.« Er hielt mir eine Gabel hin.

»Ich meine es ernst, Ebbi!«

»Ich auch. Er ist wirklich lecker. Ist draußen eigentlich noch der Grill an? Eine Bratwurst würde gut zum Salat passen.«

»Geh bloß nicht raus! Die laden dich sofort in den Pool ein.«

»Entspann dich, Jen! Ich will mir doch bloß eine Wurst grillen!«

»Vergiss das Essen! Ich will gehen, und zwar sofort!«

»Moment mal! *Du* wolltest doch unbedingt hierher! Weil Maryanne so eine erfolgreiche Kollegin ist und dich unter ihre Fittiche nehmen soll. Du wolltest eine Verbündete, also geh und verbünde dich mit ihr! Ich esse so lange. Wo sind übrigens deine Eier?«

»Ist das dein Ernst? Du willst hierbleiben und dir den Bauch vollschlagen?«

»Warum nicht? Ich habe einen Bärenhunger, weil ich im Gedanken an ein reichhaltiges Buffet kaum zu Mittag gegessen habe. Wenn du nicht in den Pool willst, setz dich auf die Couch und warte, bis ich mit essen fertig bin.«

Ich setzte mich und betrachtete die Familienfotos, während Ebbi sich den Bauch vollschlug. *Wo sind die Kinder heute*, fragte ich mich. *Wissen sie, dass ihre Mutter ein Swinger ist?*

»Joslyn?« Der Breitbrüstige stand an der Terrassentür. »Kommst du wieder raus? Hier gibt's was zu trinken, mit jeder Menge Umdrehungen.«

»Danke, aber ich kann nicht. Mein Mann braucht mich hier drinnen.« Ich betonte das »mein Mann« und hoffte, dass der Breitbrüstige den Wink mit dem Zaunpfahl verstand.

»Kann ich sie mir nicht mal kurz ausleihen?«, fragte der Breitbrüstige Ebbi.

Ebbi aß unbeirrt weiter und schien ernsthaft über das Ansinnen nachzudenken. *Idiot!* Schließlich sagte er: »Nein. Wie sie schon sagte: Ich brauche sie hier. Joslyn, ich hätte gerne mehr Eier. Füll mir welche auf, Weib!«

Schulterzuckend zog der Breitschultrige davon.

»Ich warte im Wagen auf dich«, verkündete ich.

»Ich bin aber noch lange nicht satt«, protestierte Ebbi.

»Egal. Ich gehe jetzt. Bring das Eiertablett mit, wenn du nachkommst!«

»Willst du dich nicht wenigstens von Maryanne verabschieden?«

»Nein. Sie weiß ja nicht mal, wie ich heiße. Sie ist so besoffen, dass sie nichts mehr mitbekommt.«

Im Wagen schrieb ich meinem Kollegen Dennis eine SMS.

Jen: Kannst du mir mal verraten, was mit Maryanne los ist?

Dennis: Wieso? Hat sie dich zu ihrer Party eingeladen?

Jen: Ja.

Dennis: Geh da bloß nicht hin!

Jen: Zu spät!

Dennis: LOL. Trägt sie ihren Tanga?

Jen: Ja!

Dennis: Tut mir leid. Ich dachte, du wüsstest Bescheid. Sie hat so viel Stress im Büro, dass sie nach Feierabend ein bisschen Abwechslung braucht.

Jen: »Ein bisschen Abwechslung« nennst du das? Sie ist ein schamloser Swinger!

Dennis: So kann man's auch nennen. Hast du das nicht gewusst?

Jen: Woher denn?

Dennis: Ich dachte, es sei allgemein bekannt. Jedes Jahr holt sie sich Frischfleisch zu ihrer Party. Dieses Mal hat es dich getroffen.

Jen: Super! Du musst doch mitgekriegt haben, dass sie mich eingeladen hat. Warum hast du mich nicht gewarnt?

Dennis: Sorry! Aber hast du den weißen Stein vor ihrem Haus nicht gesehen?

Jen: Welchen Stein?

Dennis: Den weißen zwischen den Blumenbeeten im Vorgarten.

Ich schaute mich um. Tatsächlich. Mitten im Garten lag ein großer weißer Stein.

Jen: Okay, da liegt ein weißer Stein. Na und?

Dennis: Mann, du hast echt keine Ahnung, was? Hat dich der Makler nicht aufgeklärt? In dieser Stadt bedeutet ein weißer Stein im Vorgarten, dass die Bewohner Swinger sind, als Einladung an Gleichgesinnte und zur Warnung für Nicht-Swinger.

Jen: Verdammt!

Dennis: Steckst du da jetzt fest?

Jen: Nein, ich bin schon wieder im Wagen. Wir fahren gleich.

Dennis: Geht nicht!

Jen: Warum nicht?

Dennis: Das ganze Viertel ist abgesperrt, wegen des Feuerwerks. Die Barrikaden stehen schon. Ihr kommt da erst nach dem Feuerwerk weg. Geh einfach wieder rein, trink dir die anderen schön und genieße das Spektakel.

Jen: Woher weißt du das alles?

Dennis: Als ich hier anfing, war ich das Frischfleisch. Bestelle Elliot einen schönen Gruß und sag ihm, mein Angebot, ihm eine Badehose zu kaufen, steht noch. Einen schönen 4. Juli! Jedenfalls wirst du diesen Tag nie vergessen.

Ebbi kam mit einem vollgepackten Teller aus dem Haus. Er hatte recht: Das Essen war köstlich. Ich zeigte ihm, was Dennis geschrieben hatte, und sagte: »Wir sitzen in der Falle.«

»Offensichtlich. Hoffentlich können wir von hier wenigstens das Feuerwerk sehen!«

Dann fielen mir meine Eier ein, und ich fragte: »Wo ist unser Tablett?«

»O nein! Das habe ich vergessen. Aber ich gehe da nicht noch mal rein! Die Party wird gerade ein bisschen extrem. Ich kaufe dir ein neues.«

Kurz darauf ging das Feuerwerk los, und vom Wagen aus hatten wir eine erstklassige Sicht.

Am nächsten Arbeitstag stand das Eiertablett auf meinem Schreibtisch, ohne Eier, abgewaschen und poliert. Darauf klebte ein Post-it: JOSLYN.

EINIGE GRÜNDE, WARUM DIE NACHBARN UNS NICHT AUSSTEHEN KÖNNEN

Ebbi und mir fiel es immer schon schwer, mit Nachbarn Freundschaft zu schließen. Wir sind keine Unmenschen, die fremde Kinder anbrüllen, wenn sie unseren Rasen betreten, aber wir dulden keine Hundekacke im Garten, und wenn irgendwelche »Verbraucherinformationen« fälschlicherweise in unserem Briefkasten landen, fühlen wir uns nicht berufen, sie zu dem Nachbarn zu tragen, an den sie adressiert sind. Letzteres finde ich sogar ausgesprochen nett von uns. Wer will denn 10% Rabatt bei einer sündhaft teuren Reinigung, in die man seine Klamotten sowieso nie bringen würde? Die Nachbarn sollten es mir danken, dass ich diese Briefe für sie recycle. Außerdem ersparen wir uns auf diese Weise peinliche Begegnungen, bei denen doch nur Thema würde, wessen Hund ich erst letzte Woche dabei erwischt habe, wie er in mein Gebüsch gekackt hat.

Ebbi und ich sind nicht gut in der Sorte Small Talk, die ein gut nachbarschaftliches Verhältnis ausmacht. Deswegen sind Straßenfeste und Grillabende ein Gräuel für uns. Auch politisch gehören die Nachbarn und wir unterschiedlichen Lagern an, denn wir sind die einzig Liberalen unter lauter erzkonservativen Knochen. Dass wir uns nicht für Sport interessieren, kommt noch erschwerend hinzu. Der Ehrgeiz, mit dem unsere Nachbarn ihre Kinder zu sportlichen Höchstleistungen pushen, ist uns zuwider.

Als wir nach Kansas zogen, haben wir beim Hauskauf eine Menge Kompromisse gemacht. Ebbi wollte ein Grundstück mit altem Baumbestand, aber der größte Teil von Kansas ist Prärie, und das Viertel, in dem wir uns niederließen, war zwei

Jahre zuvor noch Ackerland gewesen. Bäume zu kaufen ist teuer, und Häuser in bewaldeten Gegenden lagen außerhalb unserer finanziellen Möglichkeiten. Büsche und Sträucher dagegen konnten wir uns leisten. Was das Haus als solches betraf, wollte ich kein charakterloses Retortenmodell, aber auch keine abgetakelte Bruchbude. Was der Markt dann hergab, war eines, das den Nachbarhäusern glich wie ein Ei dem anderen, kackbeige und mit vollkommen baumlosem Garten. Es lag in einer netten Gegend in der Nähe meines Elternhauses, aber nicht zu nah, und war komplett unterkellert, sodass Ebbi sich dort unten ein Studio und eine Konsolenspielecke einrichten konnte, während ich freie Hand bei der Gartengestaltung hatte. Der Kaufpreis lag unterhalb der Schmerzgrenze, und weder Ebbi noch ich hassten es.

Unsere Nachbarn, Nicole und Matthew, lernten wir gleich nach dem Umzug kennen. Sie sahen aus wie Leute, die unsere Freunde werden konnten. Genau wie wir waren beide berufstätig und hatten noch keine Kinder, was in dieser Gegend selten war. Die meisten Nachbarinnen waren Hausfrauen und Mütter und bekamen ein Kind nach dem anderen. Obwohl an einer Freundschaft mit Nicole und Matthew durchaus interessiert, brauchten wir nicht lange, um sie komplett abzutörnen. Sie hatten zwar kein Kind, dafür aber einen Hund, einen großen, freundlichen Labrador namens Daisy. Etwa vier Wochen nach unserem Einzug trafen wir Matthew und Daisy eines Abends am Briefkasten. Mir fiel sofort auf, dass Daisy rund um eine lange Narbe am Hinterbein rasiert war.

»Was ist passiert?«, fragte ich.

»Oh, es war schrecklich!«, sagte Matthew. »Sie hat ein Kaninchen gejagt, und als sie von unserer Terrasse sprang, hat sie sich das Bein mehrfach gebrochen.«

»Herrje, das tut mir aber leid«, sagte ich. »Sie musste operiert werden.«

»Stimmt«, sagte Matthew.

»Du hast deinen Hund operieren lassen?«, staunte Ebbi. »Das war bestimmt nicht billig.«

»Dreizehntausend Dollar. Nicole ist deswegen total sauer.«

»Dreizehntausend? Für eine Hunde-OP?« Ebbi war fassungslos.

Matthew sah ihn irritiert an. »Ihr hattet wohl nie einen Hund?«

»Nein«, sagte Ebbi. »Uns sind Kinder lieber.«

»Aber man kann doch einen Hund *und* Kinder haben. Und wenn man kein Kind hat, ist der Hund ein guter Ersatz. Kein Mensch würde sich über die OP-Kosten aufregen, wenn Daisy unsere Tochter wäre. Die Bonds im Haus hinter uns haben zehntausend Dollar für die Zahnspange ihrer Tochter ausgegeben – zu rein kosmetischen Zwecken. Aber Daisy hätte ohne diese OP nie wieder laufen können.«

»Ja, aber sie ist ein *Hund*. Die Bond-Tochter ist ... ein Mensch«, hielt Ebbi dagegen.

Ich sah, dass er Matthew immer mehr auf den Keks ging, und mir fiel nichts Besseres ein, als uns noch unmöglicher zu machen. »Nicole hätte also nicht so viel Geld für Daisy ausgegeben?«, fragte ich.

»Nein. Sie wollte sie lieber einschläfern lassen.«

»Kluge Frau«, sagte Ebbi.

»Also wirklich!«, ereiferte sich Matthew. »Ich kenne Daisy länger als Nicole, und sie ist anhänglicher und zuverlässiger. Wenn sie eine OP braucht, bekommt sie sie eben. Wenn sie etwas anderes braucht, bekommt sie das.«

»Nicole hat Jen erzählt, dass ihr für eine neue Küche spart«, sagte Ebbi.

»Stimmt. Aber jetzt ist das Geld für Daisys OP draufgegangen. Deswegen ist Nicole ja so sauer. Ihr Herz hängt an ... Dingen. Daisy ist ihr völlig schnuppe.«

In seiner unverblümten Art sagte Ebbi: »Wenn ihr eines Tages euer Haus verkauft, wird Nicole dir unter die Nase reiben, dass es mit einer renovierten Küche dreißigtausend Dollar mehr wert wäre – und das, obwohl Daisy dann vielleicht schon tot ist. Immerhin ist sie ziemlich alt.« Das war er: der Satz, der eine Freundschaft mit den beiden unmöglich machte.

Als Matthew und Nicole ein Jahr später ihr Haus tatsächlich verkauften, war ich bereits Maklerin, aber die beiden beauftragten nicht mich, und Daisy lebte noch.

Einige Jahre später – inzwischen war unser erstes Kind geboren – beschlossen wir, in ein Haus zu ziehen, das uns wirklich gefiel. Nach der Episode mit Matthew und Nicole hatte ich mich damit abgefunden, dass wir für Freundschaften mit Nachbarn nicht geschaffen waren. Keine lauen Sommerabende mit kühlen Drinks auf einer der umliegenden Terrassen, keine faulen Nachmittage am nachbarlichen Pool. Stattdessen stießen wir andere vor den Kopf; wir konnten einfach nicht anders. Deswegen stand bei der Häusersuche dieses Mal nicht die Nachbarschaft, sondern das Haus im Mittelpunkt. Schon nach wenigen Wochen fanden wir auf einem baumbestandenen Grundstück etwas ganz Besonderes, mit vier Zimmern im Obergeschoss und wunderbar offenen Räumen im Parterre, dazu ein großzügiges Esszimmer neben der Küche. Es lag am Ende einer Sackgasse, nur einen guten Kilometer von einer angesehenen Grundschule und keine fünf vom nächsten Einkaufszentrum entfernt. Wir hatten den Himmel auf Erden gefunden!

Kurz nachdem wir eingezogen waren, kam eine Nachbarsfamilie, um uns willkommen zu heißen. Sie brachten ihre Kinder und ein selbst gebackenes Bananenbrot mit. Wir tauschten Nettigkeiten über das Haus aus (»Ja, wir fühlen uns hier sehr wohl. Ja, wir haben alles neu gestrichen, die Fußböden abgeschliffen und die Elektrik auf Vordermann gebracht. Sie müssen mal zu einer kleinen Führung vorbeikommen, sowie wir nicht mehr aus Umzugskartons leben.«), und ich dachte schon, wir seien dem Fluch der Bösen Nachbarn entronnen. Vielleicht hatten wir mit Matthew und Nicole einfach nur Pech gehabt. Vielleicht waren diese Bananenbrotmenschen anders. Ich sah mich schon rüberlaufen, um etwas Zucker und Mehl zu leihen, und vielleicht würden wir uns später, wenn unsere Kinder zur Schule gingen, mit dem Hinfahren und Abholen abwechseln. Ja, ich begann, von einer Freundschaft zu träumen.

In dem Moment fragte die Frau: »Haben Sie Kinder?«

»Ja, einen Jungen, sieben Wochen. Er heißt Gomer.«

»Oh, wie schön! Dann ist der Anfang ja gemacht«, sagte der Mann begeistert.

»Wie alt sind denn Ihre Kinder?«, fragte ich.

»Ich bin vier«, plärrte das kleine Mädchen, und ihre Eltern lächelten sie selig an (sie war aber auch wirklich süß).

»Wow, dann bist du ja schon groß!«, sagte ich. »Wann kommst du in die Schule?«

»Ich gehe schon in die Vorschule.«

»Tatsächlich? Da lernst du bestimmt eine Menge«, sagte ich.

»Ja. Ich kenne schon alle Farben«, prahlte die Kleine stolz, und ihre Eltern fielen vor Stolz fast in Ohnmacht.

Bei aller Liebe zum eigenen Kind – und ich liebe Gomer wirklich –, aber was diese Eltern hier boten, war einfach zu viel.

»Und du?«, fragte ich ihren jüngeren Bruder.

»Ich bin auch vier«, verkündete er und hielt drei Finger in die Luft. Es war sooo süß, dass seine Eltern es kaum aushielten und schon wieder in Ohnmacht zu fallen drohten.

»Sicher?«, forderte ich den Kleinen lächelnd heraus. »Du bist auch vier?«

»Japp!«, sagte er glücklich, und seinem Vater schwoll die Brust vor Stolz.

»Nun, wenn du meinst …«, sagte ich.

»Was bist du für ein Clown!«, sagte der Vater zu seinem Junior. »Sag, wie alt du wirklich bist!«

»Tu ich doch! Vier!« Der Kleine stampfte mit dem Fuß auf.

»Na, na!«, sagte seine Mutter. »Du bist …« Sie sah ihn ermutigend an und wartete darauf, dass er mit der richtigen Zahl herausrückte.

Aber er sah sie nur trotzig an und krähte: »Ich bin vier, vier, vier!«

Meine Vision von gemeinsamen Fahrten zur Schule verblasste. Ich war mir nicht sicher, ob ich mit diesem Jungen im selben Wagen sitzen wollte. Seine Renitenz war so unausstehlich, dass ich mich, ehrlich gesagt, jetzt schon langweilte. Wie alt er war, interessierte mich nicht. Ich wollte ins Haus gehen und das duftende Bananenbrot anschneiden, ungestört von dem kleinen Schreihals.

»Vier bin ich. Vier, vier, vier!«

»Okay, okay, Kumpel«, sagte sein Vater und lächelte uns wissend an. »Warten Sie nur, bis Ihre Kinder so weit sind! Seine Kindergärtnerin bezeichnet ihn als ›temperamentvoll‹, aber er ist ein kleiner Sonnenschein. Er ist übrigens erst zwei.«

»Ach so!« Ebbi hockte sich hin, um auf Augenhöhe mit der kleinen Kröte zu sein. »Verstehe. Du bist nicht vier. Du bist ein Lügner.« Unerbittlich schleuderte Ebbi dem Kleinen das Wort entgegen und klang wie ein Staatsanwalt, der einen Mörder im Kreuzverhör auseinandernimmt.

Eine halbe Minute lang herrschte erschrockenes Schweigen, und die Eltern des kleinen Lügners starrten Ebbi entsetzt an. *Vielleicht brechen sie gleich in schallendes Gelächter aus*, dachte ich. *Vielleicht haben sie Humor und begreifen, dass Ebbi kein Arschloch ist, sondern einfach undiplomatisch, und dass man ihn durch Lachen am besten zum Schweigen bringt.*

»Er ist kein Lügner«, zischte der beleidigte Vater. »Er ist

doch erst *zwei!* Mit zwei weiß man noch gar nicht, was Lügen ist.«

Nein. Keine Chance. Wieder begrub ich den Traum von Cocktailstunden mit Nachbarn und gemeinsamen Grillabenden. Ich beschloss, das Bananenbrot schön langsam zu genießen, denn mir war klar, dass ich kein zweites geschenkt bekommen würde.

ZUR HÖLLE MIT DER KRIPPE!

Ich arbeitete von zu Hause aus, als Gomer geboren wurde. Den Job bei der Firma für Bürobedarf hatte ich gekündigt und mich als Häusermaklerin selbstständig gemacht – unter anderem wegen Maryannes Swingerparty. Seitdem sah ich die Kollegin vor meinem inneren Auge nämlich immer in ihrem Bikini-Tanga, wenn sie mir auf den Bürofluren über den Weg lief. Bis zu Gomers Geburt hatte ich mir ein Team von Mitarbeitern aufgebaut, sodass ich ihn kurz nach der Geburt in den BabyBjörn schnallen und mich um die Maklerobjekte kümmern konnte.

Meine Work-Life-Balance war erste Sahne. Ebbi hatte mich mit Computertechnik vom Feinsten ausgestattet, sodass ich im Bett sitzen und den Laptop summen lassen konnte, während Gomer sich an mich kuschelte und döste. Wenn ich Kunden Häuser zeigen musste, kam Gomer im Babyrucksack mit, und ich stellte ihn schlafend im Hausflur ab, während ich die Kunden durchs Haus führte. (Keine Sorge, hysterische Mütter und Kinderschützer: Ich habe die Haustür stets verschlossen, sodass kein Eindringling kommen und meinen wunderbaren Gomer kidnappen konnte.)

Gomer war mein kleiner Assistent. Zu Hause setzte ich ihn mit ein paar Spielzeugen auf den Teppich, und er murkelte zufrieden vor sich hin, während ich telefonierte und E-Mails beantwortete. Seine Lieblingsgeräte waren ein Spielzeuglaptop und meine alten Handys. Als er älter wurde, spielte er Häuserverkaufen. Er »telefonierte« mit Kunden und sagte Dinge wie

»Hallo? Haus kaufen?« oder »Deal, Joe (mein Lieblingsvermieter)? Deal?«.

Zuerst fand ich das komisch. Ich dachte, mein Kleiner liebte seine Mama so sehr, dass er wie sie sein wollte. Ich träumte schon davon, dass er später in meiner Firma mitarbeitete, die dann Jen & Sohn heißen würde. Bis ich ihn eines Tages ins Telefon fragen hörte: »Kommst du spielen, Joe?«

»Was hast du da gerade zu Joe gesagt, Gomer?«, fragte ich und hoffte, mich verhört zu haben.

Gomer sah mich traurig an und sagte: »Kommst du spielen?«

Aha! Ich war eine schlechte Mutter! Ich dachte, ich hätte das Richtige getan, indem ich meinen Sohn zu Hause behielt, wo ich ihn umsorgen konnte, statt ihn in eine Krippe zu schicken, wo er von lauter ständig erkälteten Kleinkindern umgeben wäre. In Wahrheit war ich dabei, ihn völlig zu verkorksen. Er hatte keine Freunde und litt darunter. Er spürte, dass es nicht gut war, den lieben langen Tag mit seiner Mutter im Haus zu hocken und mit ausgemusterten Handys zu spielen. Später im Kindergarten würde er der Sonderling sein, der mit den anderen nicht spielen und schon gar nicht sein Spielzeug teilen will. Das musste anders werden. Und zwar schnell.

Ich wandte mich an die einzige Instanz, die mich niemals enttäuscht, wenn ich weitreichende Entscheidungen zu treffen habe: das Internet. Ich suchte nach einer Krippe in der Nähe, und gleich die erste, die auf dem Bildschirm erschien, war perfekt. Die Gruppen trafen sich mehrmals die Woche und abends gab es Angebote für Mütter. Ich füllte eine Anmeldung inklusive Kreditkartennummer aus, ohne mit jemandem persönlich gesprochen zu haben.

In der folgenden Woche fand ein Elterntreffen statt, das in

meinen Terminkalender passte. Ich kam extra früh, weil ich es hasse, ein Zimmer voller Fremder zu betreten. Wenn ich rechtzeitig da war, konnte ich mich in eine dunkle Ecke drücken und erst mal alles beobachten, bevor ich mich aus der Komfortzone wagte.

Als Nächste kam dann eine Frau von der Krippenleitung. »Oh, super! Mit Ihnen wollte ich gern sprechen«, sagte ich begeistert. »Ich habe einen zweijährigen Sohn, der Freunde braucht.«

»Wunderbar. Er kann gerne zu uns kommen«, sagte die Frau.

»Im Internet habe ich gelesen, dass Sie morgen auf die Feuerwache gehen. Das wird Gomer sicher gefallen. Er liebt Feuerwehrmänner«, plapperte ich drauflos.

»Oh, dann hat er Pech gehabt«, unterbrach mich die Frau. »Das ist ein Ausflug der *roten* Gruppe. Gomer käme aber in die *orange*, die am Freitag in einen Gemüseladen will. Da können Sie gerne mitkommen.«

Ich wusste, dass von den Müttern erwartet wurde, ihre Krippenanfänger anfangs stundenweise zu begleiten, und bei Ausflügen wurde praktisch jede Mutter gebraucht. »Freitag? Da kann ich nicht. Ich muss Kunden ein Haus zeigen. Deswegen würde ich morgen lieber mit zur Feuerwache kommen, da habe ich Zeit.«

»Nein, nein, Sie verstehen nicht. Die rote Gruppe ist voll und kann keinen Neuen aufnehmen. Ihr Sohn kommt in die orange, die sich freitags trifft.«

»Und wie unterscheiden sich die Gruppen? Unternehmen sie nicht das Gleiche?«

»Eigentlich unterscheiden sie sich nicht, aber sie unternehmen nicht das Gleiche.« *Dann unterscheiden sie sich also doch, Lady!* Sie fuhr fort: »Den Besuch bei der Feuerwehr habe ich persönlich arrangiert, weil ich da jemanden kenne, und ich leite die rote Gruppe. Wenn die Leiterin der orangen Gruppe keinen bei der Feuerwehr kennt, werden die Kinder dort wohl nicht hinkönnen.«

»Dann sind Sie also nur für die rote Gruppe zuständig?«, fragte ich.

»Richtig. Ihre Ausflüge planen die Gruppen eigenständig, und wie es scheint, hat jemand von der orangen Gruppe wohl Beziehungen zu einem Gemüseladen.«

»Aber die orange Gruppe passt mir nicht. Freitags habe ich besonders viel zu tun. Ich bin Maklerin.« Ich gab ihr meine Visitenkarte, ganz nach dem Motto *Immer im Dienst.* »Deswegen möchte ich Gomer lieber in die Mittwochsgruppe geben.« Abgesehen davon hatte ich keine Lust, einen verdammten Gemüseladen zu besichtigen, in dem ich sowieso andauernd einkaufte. Ich wollte knackige Feuerwehrmänner sehen! Beziehungsweise Gomer sollte etwas über Brandschutz lernen.

»Tut mir leid. Mittwochs haben wir die rote Gruppe, und die …«

»Ich weiß. Sie ist voll«, vollendete ich den Satz der Frau, die mir langsam wie eine Schallplatte mit Sprung vorkam.

Was ist das hier für eine Scheiße?, dachte ich. Wie kann eine Krippengruppe »voll« sein?

»Hey, Sie müssen Jen sein!« Eine Frau kam auf uns zu. »Ich bin im Krippenvorstand und habe Ihre Anmeldung bearbeitet. Schön, dass Sie zu uns kommen wollen.«

»Hi. Ich bin mir nicht mehr so sicher, ob ich bei Ihnen mitmachen will«, entgegnete ich. »Ich will mein Geld zurück!«

»Okay«, sagte die Königin der roten Gruppe kühl. »Das kann ich noch heute veranlassen. Haben Sie per Kreditkarte oder Scheck bezahlt?«

»Moment!«, ging die Vorstandslady dazwischen. »Woher der Sinneswandel? Was ist passiert?«

»Sie sagt, mein Sohn kann nicht in die rote Gruppe«, quengelte ich wie ein Kleinkind. »Nur in der orangen Gruppe ist noch Platz, und die trifft sich freitags, was ein ganz schlechter Tag für mich ist, weil ich Maklerin bin. Hier, meine Karte. Freitags ist wirklich der ungünstigste Tag für mich.«

»Aber wieso kann ihr Sohn denn nicht in die rote Gruppe?«, fragte die Vorstandslady die Königin der roten Gruppe.

»Sie ist voll«, sagte die Rote.

»Voll? Ich wusste nichts von Aufnahmebeschränkungen.«

»Die gibt es aber.«

»Tut mir leid, Jen«, sagte die Vorstandslady. »Meine Kinder gehen schon zur Schule, deswegen bin ich mit dem Gruppengeschehen nicht mehr so vertraut wie früher. Ich kümmere mich um den Papierkram und die Mütterabende.«

»Wir haben neulich bei einem Meeting über die Gruppengrößen gesprochen«, sagte die Rote. (Meeting! Vorstand! Wie bei einem börsennotierten Unternehmen. Diese Leute schienen die Krabbelbranche sehr ernst zu nehmen.) »Ich habe dargelegt, dass die Mittwochsgruppe am beliebtesten ist, und bin von den Mittwochsmüttern gebeten worden, den Zugang zu beschränken, weil es den Kindern sonst einfach zu viel wird.«

»Richtig, davon habe ich gehört. Jetzt erinnere ich mich«, sagte die Vorstandslady. »Aber kann denn nicht noch *ein* Kind aufgenommen werden? Die orange Gruppe passt nun mal nicht in Jens Terminkalender.«

»Nein, tut mir leid. Wenn ich für sie eine Ausnahme mache, muss ich es für andere auch tun.«

»Vielleicht kann jemand von der roten in die orange Gruppe wechseln«, schlug die Vorstandslady vor.

»Unmöglich!« Die Rote war zutiefst schockiert.

Die Art, wie sie mich ansah, bestätigte meinen Verdacht: Es

ging nicht darum, dass es den Kindern nicht »zu viel« wurde, das Problem waren vielmehr die Mütter. Offenbar war die rote Gruppe nur für Kinder von Müttern, die als cool galten. Plötzlich hatte ich keine Lust mehr, dazu zu gehören.

»Nur mal so aus Interesse: Wie kommt man in die rote Gruppe?«, fragte ich.

»Das hat etwas mit Tradition zu tun«, sagte die Rote. »Alles hat mit einer Gruppe angefangen, die sich mittwochs traf, und nach und nach kamen Neue hinzu. Die Mütter haben die Nachfolger selbst ausgesucht und ihnen angeboten, mitzumachen. Das macht die Sache einfacher.«

»Inwiefern einfacher?«, fragte ich.

»Dann weiß man, mit wem man es zu tun hat, und braucht sich nicht mit Wildfremden herumzuschlagen, die übers Internet kommen.«

»Wie ich.«

»Nun … Wir kennen Sie doch gar nicht! Genauso wenig wie Ihren Sohn.«

Aha. Gomer könnte das Problem sein. »Er ist geimpft und kein Beißer«, sagte ich zu seiner Verteidigung.

»Das mag ja sein«, sagte die Rote. »Aber wir wollen nun mal keine Fremden in der roten Gruppe haben. Wir kennen uns alle sehr gut, sogar die Väter. Es ist eine gewachsene Gruppe. Sie passen bestimmt besser in die orange Gruppe.«

»Wissen Sie was? Sie können mich mal! Ich sehe mich nach einer anderen Krippe um.« Ich kramte nach meinem Autoschlüssel. Was bildete sich diese Pute eigentlich ein?

»Moment!«, sagte die Vorstandslady. »Wir könnten doch eine zweite Mittwochsgruppe einrichten. Vielleicht gibt es genügend Interessenten. Wäre Ihnen das recht, Jen? Würden Sie bleiben, wenn ich noch andere Kinder finde?«

Ich lehnte mich zurück und hörte zu. Diese Frau schien ganz in Ordnung zu sein. Immerhin versuchte sie, eine Lösung zu finden, während die Rote immer nur *Nein, Nein, Nein* sagte.

»Ja, das wäre okay. Mir geht es ja nur darum, dass mein Sohn unter Kinder ist, und Mittwoch wäre ein guter Tag für uns.«

»Wunderbar. Bestimmt finde ich andere Interessenten.«

»Ich weiß nicht, ob ich dafür Zeit habe«, bremste die Rote und wollte noch mehr sagen. Doch die Vorstandslady fuhr ihr in die Parade.

»Keine Sorge. Die zweite Mittwochsgruppe würde ich übernehmen.«

Gesagt – getan. Binnen einer Woche gab es eine Gruppe für Gomer, die blaue.

Aber ich war immer noch so angepisst von der Roten, dass ich sie kaum ansehen konnte. Wie viele Mütter hatte sie vor mir schon so behandelt? Ich hatte das Glück gehabt, dass sich die Vorstandslady in unser Gespräch eingeklinkt und sich der Sache angenommen hatte. Wie viele andere Mütter hatten dieses Glück wohl nicht gehabt und waren von der Roten abgeledert worden?

Warum, zum Teufel, musste sie es einem so schwer machen? Wir wollten unsere Kinder doch bloß mit anderen Kindern zusammen bringen, und natürlich musste dieses Unternehmen in unseren Terminplan passen. Was sollte das Theater? War ich in den Krieg der Mütter geraten, von dem ich schon so viel gehört hatte? Berufstätige Mütter gegen Heim-und-Herd-Mütter? Rabenmütter gegen Herdprämienmamis? Doch dann begriff ich, dass ich es hier nicht mit einem Mütterkrieg zu tun hatte, sondern mit einem Kontrollfreak.

Mit der Zeit stieg ich in der Hierarchie des Krabbelwesens auf, bis ich zur stellvertretenden Leiterin der blauen Gruppe gewählt wurde. Ahnen Sie, was meine erste Amtshandlung war? Richtig. Ich verbot jegliche Zugangsbeschränkungen für rote, orange, blaue und sonstige Gruppen. Ab sofort standen sie jedermann offen.

Niemand sollte am Besuch bei knackigen Feuerwehrmännern gehindert werden!

GOMER – EIN RASSIST?

Als Ebbi sich bereit erklärte, mit mir in die Pampa zu ziehen, war seine größte Sorge, dass unsere künftigen Kinder in einer kleingeistigen Welt aufwachsen würden.

Ich sagte ja schon, dass mein Gatte – im Gegensatz zu mir – einer chinesischen Familie entstammt, sodass unsere Kinder etwas von beiden Rassen haben. Deswegen fürchtete er, dass die vorwiegend weißen Bewohner eines typischen Vororts unseren Kindern mit rassistischen Vorurteilen begegnen und sie ausgrenzen könnten.

Ich hatte in dieser Stadt drei bittere Jahre lang die Highschool besucht und wusste nur zu gut, was er meinte. Deswegen achtete ich mit Argusaugen auf alles, was darauf hindeuten könnte, dass Gomer und Adolpha diskriminiert würden.

Als Gomer drei war, fand ich es an der Zeit, seinen sozialen Horizont über die blaue Gruppe hinaus zu erweitern und ihn in einem richtigen Kindergarten anzumelden. Ich entschied mich für eine Einrichtung, die zur Hälfte aus Kindern »mit besonderen Bedürfnissen« bestand. Ich dachte, hier würde er Verantwortung, Empathie und Toleranz lernen, und stellte mir vor, dass die Kinder Lieder über Frieden, Freundschaft und Völkerverständigung sangen und Bilder mit Regenbögen malten.

Dann merkte ich, dass der Hase anders lief. Eines Tages, als ich Gomer abholte, plapperte er wieder mal nonstop, wie es beim Autofahren seine Art war. So bekam ich immer die ausführlichsten Auskünfte und fuhr gelegentlich extra noch mal um den Block, wenn er mit seinen Schilderungen noch nicht fertig war. Auch an diesem Tag war das der Fall.

»Wie war's denn heute so?«, fragte ich.

»Ganz okay«, seufzte er.

»Nur ›ganz okay‹?«, hakte ich nach. »Warum?«

»Wir durften nicht so lange draußen spielen.«

»Wie schade! Das tut ihr doch so gern!«

»Ja. Jetzt sogar noch lieber. Wir haben nämlich so ein neues Spiel, aber heute durften wir es nicht so lange spielen, wie wir wollten.«

»Was denn für eins? Hat Miss Rebecca es euch beigebracht?«

»Nein, Oscar. Miss Rebecca weiß nichts davon.«

»Wie geht es denn?«

»Die Guten jagen den Schwarzen Schurken.«

»Hmmm … klingt interessant. Aber warum jagt ihr den Schwarzen Schurken?«

»Weil er kein Guter ist. Er ist schwarz. Und kein Guter.«

»Aha. Und wie bestimmt ihr, wer der Schwarze Schurke ist?«

»Ganz einfach. Das ist Sharu.«

Beinahe hätte ich das Lenkrad verrissen. Sharus Familie kam aus Indien und war ungewöhnlich dunkelhäutig. »Ist er *immer* der Schwarze Schurke?« Ich schrie fast. *Verdammt noch mal, Gomer, was soll das?*

»Ja, klar. Oscar sagt, Sharu muss immer der Schwarze Schurke sein, weil er so dunkle Haut hat.«

Dieses Mal verriss ich das Lenkrad tatsächlich, und der Wagen kam ins Schlingern. *Shit! Das kann doch nicht euer Ernst sein!* Inzwischen waren wir fast zu Hause. Ich fuhr an den Straßenrand und hielt an, drehte mich um und sah meinen Sohn an, den ich bis jetzt für unschuldig, vorurteilsfrei und weltoffen gehalten hatte.

»Ihr könnt Sharu doch nicht jedes Mal zum Schwarzen Schurken machen!«, wies ich ihn zurecht.

»Aber das ist er doch sowieso, weil er so schwarz ist«, verteidigte Gomer das Spielkonzept.

»Das ist falsch, Gomer! Erzähl mir mal genau, wie das Spiel geht!«

»Ganz einfach. Ich und Oscar und Brice jagen Sharu über den Spielplatz. Wenn wir ihn kriegen, stecken wir ihn ins Gefängnis. Wenn er uns kriegt, macht er unsere Haut schwarz, und dann sind wir die Bösen, aber das schafft er nicht.«

Mein Herz raste. *O mein Gott!* Ebbi würde mich umbringen, wenn er das erfuhr! Er würde verlangen, dass wir wieder nach New York ziehen. Aber ich wollte nicht zurück. Mit Kind in eine Zwei-Zimmer-Wohnung! Eine Privatschule konnten wir uns auch nicht leisten. Und dann die Schwiegereltern! Ich müsste mir wieder einen Bürojob suchen. Der Spuk mit dem Schwarzen Schurken musste beendet werden!

»Du und Oscar und Brice, ihr seid also immer die Guten?«

»Ja, klar. Weil wir weiß sind. Im Gegensatz zu Sharu. Also ist er böse. Menschen mit dunkler Haut sind böse.«

Verdammte Scheiße! Mein Sohn ist ein Rassist!

»Gomer!« *Ruhig bleiben! Gaaanz ruhig bleiben!* »Wie kommst du denn darauf? Das hast du nicht von uns!«

»Oscar hat es mir erzählt. Er mag Spiderman, und der dunkle Spiderman ist böse.« *Verdammte Superhelden!*

»Ich habe zwar keine Ahnung von Spiderman, aber ich weiß, dass er nichts mit den richtigen Menschen zu tun hat. Du darfst nicht sagen, dass dunkelhäutige Menschen böse sind. Denk nur an Daddy! Er ist auch nicht weiß. Ist er deswegen böse?«

»Nein. Weil du es wiedergutmachst. Oscar sagt, Daddy ist in Ordnung, weil *deine* Haut nicht dunkel ist.« *Wow! Oscar scheint ja ein meinungsfreudiger Bursche zu sein. Ich kann es gar nicht abwarten, seine Mutter anzurufen.*

»Hat Oscar etwas gegen alle, die nicht weiß sind?«

»Ich glaube schon. Nikhil mag er auch nicht.« Auch Nikhils Eltern waren Inder, er selbst saß im Rollstuhl. »Aber ihn lassen wir nicht mitspielen, weil er nicht laufen kann.«

So viel zum Thema Empathie und Toleranz! Was, zum Teufel, lernte mein Sohn in diesem verfluchten Kindergarten?

»Das ist ein ganz schreckliches Spiel, Gomer! Ich verbiete dir, da noch einmal mitzumachen!«

»Warum?«

»Weil ihr Sharu wegen seiner Hautfarbe das Gefühl gebt, er sei ein schlechter Mensch.«

»Ist er ja auch. Weil er kein Weißer ist.«

»Das will ich nicht noch mal hören, Gomer!« Erst jetzt wurde mir bewusst, dass er das Ganze nicht auf sich bezog. »Du weißt doch, dass du auch kein Weißer bist, oder?« Wir hatten ihm immer gesagt, er sei halb Weißer, halb Chinese. Trotzdem haute ihn mein letzter Satz aus den Schuhen. Offenbar hatte unsere Ethik-Erziehung kläglich versagt.

Er bekam einen puterroten Kopf, kniff die Augen zusammen und schrie: »Das ist nicht wahr!«

»Schluss jetzt, Gomer! Natürlich ist es wahr. Du weißt doch, dass du halb Chinese bist!«

»Oscar sagt, das stimmt nicht. Er findet, ich sehe wie ein Weißer aus. Deswegen brauche ich nicht der Schwarze Schurke zu sein. Wenn ich halb Chinese bin, spielt Oscar nicht mehr mit mir!«

»Vielleicht solltest du sowieso nicht mehr mit Oscar spielen!«

Noch am selben Abend rief ich die Kindergärtnerin an und erzählte ihr von dem Spiel. Miss Rebecca ist ganz reizend, und jedermann vertraut ihr gern seine Kinder an, aber sie weigert sich strikt, etwas Schlechtes in irgendjemandem zu sehen, am allerwenigsten in einem Kind.

»So was kann in diesem Alter schon mal vorkommen«, erklärte sie. »Die Kinder lernen gerade, Unterschiede zu erkennen. Zwischen Holzklötzchen und figürlichem Spielzeug und manchmal eben auch zwischen Menschen, die Haar- oder

Hautfarbe oder sonst was betreffend. Das ist nur eine Entwicklungsphase.«

»Das sehe ich anders, Rebecca. Sie schließen ein Kind wegen seiner Hautfarbe aus. Das ist Rassismus.«

»Die Kinder sind erst drei Jahre alt, Jen! Sie wissen noch nicht mal, was Rassismus ist!«

»Doch, wenn man ihnen zu Hause so einen Quatsch beibringt! Bitte geben Sie mir die Nummer von Oscars Eltern. Ich möchte mit ihnen sprechen.«

»Sie wollen nicht, dass ihre Nummer weitergegeben wird.«

»Dann wissen sie wohl, was für ein Stänkerer ihr Sohn ist, und wollen sich die anderen Eltern vom Hals halten.«

»Ich kann unsere Psychologin bitten, Ihnen ein paar Bücher zu diesem Thema zu nennen. Dann können Sie die Sache mit Gomer besprechen.«

»Ich will keine Bücher lesen, sondern mit Oscars Eltern sprechen!«

»Sorry, aber ich kann Ihnen die Nummer nicht geben.«

»Gut. Dann will ich wenigstens, dass Sie Gomer von Oscar fernhalten.«

»Wie stellen Sie sich das vor? Es sind doch nur zwölf Kinder in der Gruppe.«

»Das ist Ihr Problem. Jedenfalls verlange ich, dass Sie dieses Spiel unterbinden!«

»Aber Jen! Es tut den Kindern gut, ihrer Fantasie freien Lauf zu lassen.«

»Aber nicht so!«

»Bis jetzt hat sich Sharu nicht beschwert.«

»Weil er erst drei ist! Er begreift noch nicht, was da passiert. Wenn Sie diese Sache nicht in den Griff kriegen, komme ich morgen und sorge höchstpersönlich dafür.«

Am nächsten Tag blieb ich im Kindergarten und konnte schnell feststellen, dass Oscar ganz genau wusste, was er tat. Er spielte dieses Spiel nicht nur, wenn die Kinder im Freien herumtobten, sondern den ganzen Tag.

»Gebt Sharu keine Buntstifte!«, flüsterte er den anderen zu. »Das ist der Schwarze Schurke.«

Als er sah, dass ich ihm finstere Blicke zuwarf, verstummte er. Aber als sich die Kinder im Kreis auf den Fußboden setzen sollten, flüsterte er: »Wer sich neben Sharu setzt, wird selbst zum Schurken!«

Beim zweiten Frühstück war Sharu eines der Kinder, die das Essen verteilten, und Oscar warnte die anderen: »Wer was vom Schwarzen Schurken isst, wird krank und stirbt vielleicht!«

»Okay, das reicht!«, donnerte ich los. »Komm her, Oscar! Wir müssen uns mal unterhalten.« Ich beugte mich zu ihm runter und flüsterte: »Hör zu, Oscar! Ich weiß nicht, wer dir beigebracht hat, so mit Menschen umzuspringen, aber es ist vollkommen inakzeptabel. Wenn du so weitermachst, wirst du später mal einer dieser Idioten, die vor lauter Vorurteilen die Welt nicht verstehen. Willst du das? Sharu ist kein schlechter Mensch, weil er eine dunkle Haut hat. Vielmehr bist *du* ein schlechter Mensch, wenn du so etwas Dummes behauptest. Für seine Hautfarbe kann er nichts, aber du kannst etwas für dein Benehmen!«

»Ich sage meiner Mom, dass Sie mich dumm finden!«, sagte er.

»Bitte sehr! Vielleicht ruft sie mich dann an. Erzähle ihr bitte alles ganz genau!«

Als ich heimkam, erwartete Ebbi mich an der Haustür und fragte: »Hast du mir etwas zu sagen?«

»Wieso?«, fragte ich zurück. Hatte Oscars Mutter schon angerufen?

»Die Kindergartenpsychologin hat angerufen und ein paar Bücher vorgeschlagen, die wir wegen Gomer lesen sollen.«

»Oh.«

»Ich verstehe das nicht. Die meisten Titel sind von der Sorte ›Ich bin in Ordnung – du bist in Ordnung‹.«

»Na, super!«

»Was ist los, Jen? Du bleibst stundenlang im Kindergarten, in der Zwischenzeit ruft die Psychologin an und macht Lektürevorschläge, die nahelegen, dass mit unserem Sohn etwas nicht stimmt, und nun stehst du wie ein begossener Pudel vor mir! Was geht hier vor?«

Ich platzte heraus: »Gomer ist ein Rassist! Wir haben ihn zum Rassisten erzogen! Deine schlimmsten Befürchtungen sind wahr geworden! Er leugnet sogar seine eigenen Wurzeln! Er hält sich für einen Weißen und glaubt, dass jeder, der eine dunklere Haut hat als er, ein schlechter Mensch ist.«

»Und das ist alles?«

»Ob das alles ist? Reicht das nicht? Hast du mir überhaupt zugehört? Er ist ein Rassist!«

»Komm schon, er ist gerade mal drei! Er weiß es noch nicht besser.«

»Im Kindergarten nennen sie Sharu den Schwarzen Schurken und jagen ihn wie einen Verbrecher über den Spielplatz. Wir haben versagt, Ebbi!«

»Nun bleib mal auf dem Teppich, Jen! Dahinter steckt Oscar, stimmt's?«

»Ja. Woher weißt du das?«

»Sein Vater hat mich vor ein paar Wochen von oben bis unten gemustert, als wäre ich ein Alien. Er wirkte geradezu schockiert. Offenbar war ihm nicht klar, dass Gomer einen nichtweißen Elternteil hat.«

»Wirklich? Shit! Jetzt willst du bestimmt nach New York zurück, was?«

»Quatsch! Dafür habe ich mich viel zu sehr an den vielen Platz gewöhnt, den wir hier haben. Wir müssen einfach wachsam bleiben und Gomer helfen, die Dinge richtig zu sehen.

Aber du musst mich auf dem Laufenden halten! Du kannst dir gar nicht vorstellen, welche Sorgen ich mir gemacht habe.«

»Ich dachte, ich hätte als Mutter versagt.«

»Lass uns das nächste Mal zusammen versagen. Versprochen?«

»Versprochen.«

»Du hast mir eine Scheißangst eingejagt!«

»Echt?«

»Und wie! Sieh dir bloß diese Buchtitel an: *Es ist nicht deine Schuld* und *Auch wenn du jetzt traurig bist, wird alles gut* … Ich dachte, du willst dich scheiden lassen.«

Also wirklich! In dem Fall wären es andere Buchtitel gewesen, etwa: *Zieh Leine, ich kann dich nicht mehr sehen!*

ES GEHT NUR UM EINE TASSE KAFFEE, LADY, NICHT UM ORGANHANDEL!

Meine Kinder haben es nicht leicht, Freunde zu finden, und wenn ich die Mütter ihrer Spielkameraden nicht ausstehen kann, ist es noch schwieriger.

Ja, inzwischen haben wir zwei Kinder. Da Gomer sich als pflegeleichtes Kind erwies, beschlossen Ebbi und ich, es zu wagen, in der Hoffnung, dass uns ein zweites pflegeleichtes Kind vergönnt war. So bekamen wir Adolpha. Aber sie war von Geburt an grantig. Dabei hätte Gomer derjenige sein müssen, der mit der Welt hadert. Adolpha wurde nämlich an seinem zweiten Geburtstag geboren und zwang ihn, von nun an praktisch *alles* mit ihr zu teilen, sogar seinen Geburtstag. Sie war ein Schreibaby, wollte nicht auf den Arm und schlug um sich, wenn sie nicht bekam, was sie wollte. Trotzdem war Gomer ganz begeistert von ihr. Mit der Zeit begann Adolpha, ihn zu mögen – aber *nur* ihn, wir anderen waren für sie Menschen zweiter Klasse.

Quasi von Geburt an war sie auf Kinder fixiert und wünschte sich nichts sehnlicher als gleichaltrige Freunde. Am liebsten wäre sie mit zwei in die Schule gegangen, nur um Freunde zu finden. Viele jüngere Geschwister warten ungeduldig auf die Schule, weil sie wissbegierig sind und lesen und schreiben lernen wollen, wie das ältere Geschwisterkind – Adolpha dagegen hatte kein Interesse am Lesen und Schreiben, ihr ging es um Spielkameraden, am liebsten solche, bei denen sie hin und wieder übernachten konnte wie Gomer.

Sobald sie mit vier in den Kindergarten kam, verlangte sie ein aktives Sozialleben bis in die Nachmittage hinein.

Obwohl ich eine sehr unfeminine Frau bin, hatte ich ein Prinzesschen zur Welt gebracht. Sie wollte nur Sachen anziehen, die pink, pink oder pink waren, vorzugsweise mit Federboa und/oder Tiara. Mit Jungen zu spielen kam für sie nicht infrage. Leider gab es in ihrer Kindergartengruppe aber kaum Mädchen. Also versuchte ich, Spielenachmittage mit Mädchen für sie zu arrangieren. Ich fragte mehrere Mütter, ob ihre Töchter nicht zu uns kommen wollten, aber alle hatten irgendeinen (vernünftigen) Grund, warum das nicht ging – Ballettunterricht, Gymnastik oder Ähnliches.

»Und Evelyn?«, fragte Adolpha.

»Wer?«, fragte ich zurück.

»Evelyn. Die hast du noch nicht gefragt.«

Da hatte sie recht. Eine Evelyn befand sich nämlich nicht auf der Namensliste, die die Kindergärtnerin mir gegeben hatte. Als ich Adolpha das nächste Mal vom Kindergarten abholte, fragte ich nach der Nummer des Mädchens.

»Die Eltern wollen nicht auf die Liste«, sagte die Kindergärtnerin.

»Tatsächlich? Wollen sie denn nicht, dass Evelyn sich mit anderen Kindern trifft oder zu Geburtstagen eingeladen wird?«

»Ich weiß nicht«, sagte die Kindergärtnerin ausweichend. »Ihre Mutter hat wohl einen … ausgeprägten Beschützerinstinkt.«

In dem Moment krähte Adolpha: »Da ist Evelyn!« und zerrte an meiner Hand.

Ich schaute auf und sah eine Frau mit Kleinkind auf dem Arm. Adolpha und ich gingen auf sie zu.

»Hi«, sagte ich und streckte die Hand aus. »Ich bin Jen, Adolphas Mom.«

»Das habe ich mir gedacht«, sagte Evelyns Mom und ignorierte meine Hand.

Aha, dachte ich, *eine Krampfhenne. Aber Adolpha mag ihre*

Tochter nun mal und möchte nachmittags mit ihr spielen. Vergeig es nicht!

Also sagte ich tapfer: »Adolpha würde gerne mit Evelyn spielen. Kann sie diese Woche irgendwann zu uns kommen?«

»Ich kenne Sie doch gar nicht!«, bekam ich zur Antwort.

Ich war etwas vor den Kopf gestoßen, dachte aber, dass die Frau vielleicht einen schlechten Tag hatte. »Stimmt. Wie gesagt, ich bin Adolphas Mom. Wir sind seit über drei Jahren dabei, weil mein Sohn Gomer auch schon von Miss Rebecca betreut wurde. *Sie* kennt mich also bestens.«

»Aber *ich* weiß nur, dass Sie Adolphas Mutter sind und Miss Rebecca Sie angeblich kennt. Das ändert nichts daran, dass *ich* Sie nicht kenne. Und Miss Rebecca kenne ich auch kaum.«

Ich wusste nicht, was ich darauf erwidern sollte. Und da mir auf die Schnelle nichts Besseres einfiel, wiederholte ich papageienartig, was ich bereits gesagt hatte. »Wie gesagt … Ich bin Adolphas Mom … Jen.« Als könnte ich so das Eis brechen. *Ach, Sie sind Jen? Das hatte ich die ersten drei Male gar nicht richtig mitgekriegt. Danke, dass Sie es ständig wiederholen. Jetzt weiß ich, wer Sie sind.* »Adolpha möchte nachmittags gerne einmal mit Evelyn spielen. Nur ein Stündchen oder so.«

»Ich will nicht, dass Evelyn zu Ihnen kommt. Ich kenne Sie ja gar nicht.«

Wenn du noch einmal sagst, dass du mich nicht kennst, schreie ich! Im Übrigen kenne ich dich auch nicht, Lady. Was ist dein Problem?

Langsam wurde es beleidigend. Schließlich stand ich auf keiner Fahndungsliste oder so.

»Ich lasse Evelyn grundsätzlich nicht zu Leuten, die ich nicht kenne. In fremden Wohnungen können die schrecklichsten Dinge passieren.«

Jetzt wurde es interessant. »Was denn zum Beispiel?«, fragte ich.

»Nun, es kann ein Feuer ausbrechen. Haben Sie Fluchtwege, Notausgänge, Feuerlöscher auf allen Etagen? Wahrscheinlich nicht. Die Wenigsten haben so etwas. Genauso wenig, wie sie mit ihren Kindern regelmäßige Brandschutzübungen durchführen.«

»Na ja, wir haben Rauchmelder.«

»Rauchmelder können kein Feuer löschen«, sagte die Hysterikerin. »Was, wenn auf der Treppe ein Brand ausbricht, während die Mädchen oben spielen und Sie sie nicht erreichen können?«

»Haben Sie mal einen Brand erlebt?«, fragte ich. Es schien die naheliegendste Erklärung für diese Phobie zu sein.

»Natürlich nicht. Wir sind bestens geschützt.«

Ich war drauf und dran, ihr zu erklären, dass der beste »Schutz« einen Brand genauso wenig verhindern kann wie ein Rauchmelder, aber Adolpha sah Evelyn so sehnsüchtig an, dass ich mir auf die Zunge biss.

»Hören Sie, es ist äußerst unwahrscheinlich, dass bei uns ein Feuer ausbricht. Bei uns hat es noch nie gebrannt. Wir haben auch keine Waffen, und bei der Ernährung Ihrer Tochter würde ich mich ganz nach Ihren Wünschen richten. Wir können auch die Barbies verstecken, falls Sie lieber möchten, dass Ihre Tochter mit Puppen spielt, die realistischere Proportionen haben und kleinen Mädchen keine falschen Vorbilder liefern. Mein Sohn Gomer hat am Freitag Besuch von einem Freund, und Adolpha hätte dann gern Evelyn zu Gast. Sie sehnt sich nach einer Freundin und hat Evelyn dazu auserkoren.«

»Ihr Sohn und ein anderer Junge werden auch da sein?«

»Ja«, sagte ich und schöpfte Hoffnung. Die Anwesenheit mehrerer Kinder würde das Herz dieser Glucke doch bestimmt höher schlagen lassen!

»Ich möchte nicht, dass Evelyn mit älteren Jungen zusammen ist.«

Ältere Jungen? »Gomer ist sechs.«

»Außerdem müssten Sie gleich vier Kinder evakuieren, wenn ein Feuer ausbricht.«

Verdammtes Miststück!

»Gut. Was halten Sie davon, wenn Sie mitkommen? Ich koche uns einen Kaffee und besorge ein paar Muffins. Dann können wir uns ein bisschen unterhalten und uns *kennenlernen*, während Adolpha und Evelyn spielen. Die Spielecke richten wir so ein, dass wir die beiden im Auge behalten, und es gibt dort keine Streichhölzer oder Ähnliches, versprochen. Die Jungen spielen so lange in Gomers Zimmer, und wir halten die Geschlechter strikt getrennt.«

»Davon, dass Evelyn *und* ich zu Fremden gehen, wird die Sache nicht besser.«

Himmel, Arsch und Zwirn! Was soll ich denn noch alles anbieten?

Ich wusste nicht weiter. Es ging doch bloß um eine Spielstunde! Was sollte das Theater?

»Dann sagen Sie doch einfach, wie es Ihnen am liebsten wäre. Adolpha wünscht es sich so sehr! Wie handhaben Sie solche Verabredungen denn sonst?«

Es war mein letzter Versuch. Falls auch der nicht half, würde ich der Frau sagen, was sie mich mal kreuzweise – und wo.

»Gar nicht. Evelyn geht nur zu Leuten, die wir kennen. Und *Sie* kenne ich nicht.«

Ich sah Adolpha an, die den Tränen nahe war, genau wie ich. *Was für eine blöde Kuh! Wovor hat diese Irre Angst?* Ich hatte noch nie etwas davon gehört, dass Vorstadtmütter andere Vorstadtkinder in ihre Vorstadthäuser lockten, ihnen K.-O.-Tropfen gaben und ihnen Organe stahlen, um sie auf dem Schwarzmarkt zu verkaufen.

Natürlich schützt man seine Kinder vor Fremden. Natürlich haben wir ein Auge darauf, mit wem sie Umgang haben.

Aber diese Frau übertrieb maßlos. Wenn sie ihre Tochter nicht zu Fremden lassen wollte, gab es tausend Möglichkeiten, uns kennenzulernen. Man hätte sich auf neutralem Boden verabreden können, in der Spielecke eines Hamburgerbraters zum Beispiel. Aber das hätte womöglich mit einer bösen Streptokokkeninfektion geendet.

Ehrlich gesagt ging es nicht nur darum, dass Adolpha eine Freundin suchte. Auch ich hoffte, ein, zwei Mütter kennenzulernen, mit denen ich etwas anfangen konnte. Ich stellte es mir schön vor, eine Freundin zum Quatschen zu haben, während unsere Töchter das Haus auseinandernahmen. Aber diese Feuertante würde das Rennen wohl nicht machen.

Keine Ahnung, was ihr Problem war. Vielleicht hatte sie wirklich eine unüberwindliche Angst vor Fremden. Dann brauchte sie einen Psychiater. Und sie musste lernen, ihre Phobien sozialverträglicher zu formulieren, denn was sie mir hier vorkofferte, konnte ich nur persönlich nehmen: Mein Haus war nicht brandsicher, mein Sohn und sein Freund waren Mädchenschänder. Und das Schlimmste war, dass meine Tochter als Freundin für Evelyn nicht gut genug war.

»Wissen Sie was?«, sagte ich. »Sie haben recht: Sie kennen mich nicht. Und dabei soll es auch bleiben, denn ich habe genug von Ihnen. Ich will nichts weiter von Ihren Brandschutzübungen und anderen Albträumen hören. Adolpha findet sicher eine andere Freundin; sie ist anhänglich, witzig und hat immer originelle Ideen. Schade für Evelyn! Ihrer Tochter würde so eine Freundin guttun, aber darauf muss sie ja leider verzichten, weil Sie vollkommen irre sind.«

Ich reckte das Kinn in die Luft, schnappte Adolpha und stürmte auf den Parkplatz, während ich darum betete, nicht zu stolpern, in ein Schlagloch zu treten oder mich auf irgendeine andere Art noch mehr zum Affen zu machen, als ich es bereits getan hatte.

»Keine Sorge, Adolpha«, flüsterte ich. »Du hast eine Freundin: mich.«

»Aber du bist so alt«, maulte sie.

»Stimmt, aber ich habe Geld. Ich gehe mit meiner kleinen Freundin jetzt einkaufen. Was hättest du gern?«

»Einen Hund.«

»Nicht übertreiben, Fräulein! Sonst werde ich Gomers Freundin!«

ALLE JAHRE WIEDER: DIE ANMELDUNG ZUM FERIENCAMP – EIN ALBTRAUM!

Meine Kinder fahren dieses Jahr nicht ins Feriencamp. Es hapert nicht am Geld, aber an meinen organisatorischen Fähigkeiten.

Wissen Sie, wie früh man die Kinder dort anmelden muss? Es ist nicht zu fassen! Kaum fange ich im Januar an, meine Weihnachtsdekoration wieder auf dem Dachboden zu verstauen, trudeln E-Mails mit Erinnerungen an den Anmeldeschluss fürs Feriencamp ein. Und dann die Qual der Wahl: Welches Camp ist für mein Kind am geeignetsten? Es gibt so viele, dass meine Kinder jeden Tag der Sommerferien in einem anderen verbringen könnten.

Jedes setzt einen anderen Schwerpunkt. Hier einige Beispiele:

Fußball
Baseball
Basketball
Football
Golf
Tennis
Schwimmen (normal, synchron oder wettkampforientiert)
Tanzen (Ballett, Jazztanz, Ausdruckstanz, Wasserballett)
Eiskunstlaufen
Schwimmen
Tauchen
Aerobic
Taekwondo

Judo
Karate
Fechten
Hockey
Singen (Solo oder Chor)
Kunst (Malen, Bildhauern, Zeichnen, Töpfern etc.)
Computertechnik (Animationsfilme oder Roboter herstellen, Programmieren etc.)
Instrumentalmusik (hier scheinen Klavier und Geige führend zu sein)
Mathematik
Schach
Fremdsprachen (Spanisch, Französisch, Chinesisch)
Naturkunde (Wald, Gebirge, maritime Lebensräume)
Kochen

Das sind nur die paar, die mir auf die Schnelle eingefallen sind. Es gibt noch viel mehr. Für Adolpha kam dieses Jahr beispielsweise ein Feriencamp mit dem Schwerpunkt »Zopfflechten für Fortgeschrittene« infrage, während Gomer langsam mal Chinesisch lernen könnte. Allerdings nur, wenn ich kurz nach Weihnachten in die Hufe gekommen wäre. Sechs Monate vor den Ferien! Meist wusste ich ja nicht mal, was wir nächste Woche machen würden. Wie sollte ich da sechs Monate vorausplanen? Was, wenn uns in der Zwischenzeit jemand einen Urlaub für die ganze Familie spendierte und Gomer dann bereits für ein Pizzabäckercamp angemeldet war? Abgesehen davon änderten sich die Interessen meiner Kinder alle fünf Minuten. Woher sollte ich wissen, wofür sie sich in sechs Monaten interessierten?

Im Übrigen darf das riesige Angebot nicht darüber hinwegtäuschen, dass nur wenige Camps heiß begehrt sind, jedes Jahr andere. Woher die wechselnde Popularität kommt, weiß ich nicht, aber es ist jedes Jahr das Gleiche: Irgendjemand scheint zu beschließen, dass dieses oder jenes Feriencamp *der* Hit ist, und dann müssen alle hin. Außer mir scheinen alle Bescheid zu wissen. Wenn ich es endlich mitbekomme, muss ich mir ein Bein ausreißen, um meine Kinder für die coolen Camps anzumelden, solange es noch Restplätze gibt. Wenn Adolpha also ins Feriencamp für Dressurreiten soll, muss ich den Familienkalender nicht nur sechs Monate im Voraus im Blick haben, sondern auch schnellstens online gehen und sie verbindlich anmelden, weil sonst nur noch ein Platz im Pantomime-Camp zu ergattern ist. Ich möchte mir nicht vorstellen, wie ich einer Fünfjährigen das erklären soll.

Als sie drei war, habe ich es nicht geschafft, mich der allgemeinen Hysterie zu entziehen, und meldete sie fürs Tanzcamp an – angeblich *das* Camp des Jahres. Damals bekam ich es zum ersten Mal mit »Mädchenmüttern« zu tun, und ich bin mir ganz sicher, dass sie schuld waren. Falls Sie nicht wissen, was Mädchenmütter sind, will ich es Ihnen erklären, denn hier geht es nicht um Frauen, deren Kinder zufällig weiblichen Geschlechts sind. Nein, eine Mädchenmutter macht ihre Tochter zum Girlie. Gleich nach der Geburt zieht sie dem Säugling Tutus und Söckchen mit High-Heels-Optik an, kurz darauf sind Kunstpelz, Tiaras und Federboas angesagt. Ich war nie eine Mädchenmutter, aber mit drei wünschte sich Adolpha nichts sehnlicher, als eine zu haben. Sie war nämlich das girligste Mädchen der gesamten Nachbarschaft. Zeug, das »nicht pink genug« war, riss sie sich angewidert vom Leib. Unablässig lag sie mir mit Wünschen in den Ohren, bei denen es um glitzernden Prinzessinnenkram ging. Wäre sie nicht Ebbis Ebenbild gewesen, hätte ich langsam Verdacht geschöpft, dass man sie nach der Geburt im Krankenhaus vertauscht hatte und eine andere Mutter mit einer Tochter entlassen worden war, die am liebsten Overalls und bequeme Schuhe trug.

Zum ersten Mal begegnete ich diesen Mädchenmüttern

bei einem Spielenachmittag in der Nachbarschaft. Wir waren zu einer »Teddybären-Teegesellschaft« eingeladen. (Mädchenmütter lieben es, alles Mögliche unter ein Motto zu stellen, sogar Spielenachmittage. Die Gastgeberin schneidet dann Snacks und Getränke auf das Motto zu, und die Besuchsmütter müssen sich und ihre Töchter entsprechend kleiden.) Die Mädchen kicherten im Kinderzimmer vor sich hin und mümmelten selbstgebackene Teddybär-Cupcakes, als Rose, eine der Mädchenmütter, seufzend in die Runde fragte: »Wer freut sich auch schon so auf morgen wie ich?«

Alle stöhnten, nur ich wusste nicht, worum es ging.

»Das wird bestimmt wieder ganz schrecklich«, sagte Melody, die Gastgeberin.

»Letztes Jahr hätte ich Kenadi um ein Haar nicht mehr untergebracht«, sagte Lori, meine Sitznachbarin. »Ich habe gerade noch den vorletzten Platz erwischt.«

Ich überlegte, worüber sie wohl redeten. Was hatte ich verpasst? Die Anmeldung zur Vorschule? Nein, das konnte nicht sein. Schließlich hatten wir erst Januar.

Als Melody sah, wie verwirrt ich war, sagte sie: »Meine Güte, Jen! Ich hätte ja beinahe vergessen, dass du auch dabei bist. Wahrscheinlich verstehst du gerade kein Wort. Wir tanzen alle, deswegen wollen wir unsere Töchter für das trendige Tanzcamp von Tiffani-Anne anmelden.«

Aha! Bei Mädchenmüttern – aber das wusste ich damals noch nicht – steht Tanzen oft ganz hoch im Kurs, privat oder sogar beruflich, und sie können es gar nicht abwarten, ihren Nachwuchs aufs Parkett zu scheuchen.

»Ist Adolpha auch Tänzerin?«, fragte Lori.

»Nein, sie ist erst drei.« Eine Dreijährige sollte noch gar nichts Bestimmtes sein. In dem Alter ist sie ja praktisch noch damit beschäftigt, überhaupt Mensch zu werden. Und Tänzerin ist so ziemlich das Letzte, was sie sein sollte.

Die anderen Mütter lächelten milde, aber an den Blicken, die sie einander zuwarfen, erkannte ich, dass sie meine Antwort unmöglich fanden.

»Aber möchtest du denn nicht, dass sie Tänzerin wird?«, fragte Melody.

»Um Gottes willen! Warum sollte ich das wollen?«, rief ich aus, bevor ich mich bremsen konnte.

»Wie bitte?«, fragte jemand konsterniert.

Ich merkte, dass ich ins Fettnäpfchen getreten hatte, aber statt mich aus der Nummer rauszureden, sagte ich: »Tänzerinnen sind doch total kaputt. Ich habe mal ein Buch darüber gelesen, und wenn es stimmt, was da steht, sind sie durchweg magersüchtig und schummeln sich mit tausend Tricks durch die Schule, weil sie nichts als Tanzen im Kopf haben. Nach der Lektüre habe ich beschlossen, dass meine Töchter – falls ich welche bekäme – weder tanzen noch magersüchtig werden sollen. Außerdem habe ich neulich diese Tanzshow im Fernsehen gesehen, mit so einer dicken Tanzlehrerin, die ihre Schülerinnen zusammenscheißt. Die Mädchen sind erst acht oder so, aber sie takeln sich auf wie Nutten. Ich will nicht, dass meine Tochter an der Stange endet. Denn auf eins von beidem läuft's doch hinaus: bulimische Ballerina oder Stripperin. Okay, es gibt auch den Holzschuhtanz. Aber da Adolpha Halbchinesin ist, müsste ich ihr immer eine blonde Perücke aufsetzen, wenn sie als holländisches Meisje auftritt.«

»Weißt du eigentlich, woher wir uns kennen … also alle außer dir?«, fragte Melody.

Ich schüttelte den Kopf.

»Wir waren alle zusammen auf dem College bei den Jazzy Jaguars.«

Beinahe hätte ich mich an einem Keks verschluckt. »Was ist *das* denn?«

»Die beste College-Tanztruppe im Südosten der USA!«

»Im Abschlussjahr haben wir den Wettbewerb des Südostens gewonnen.«

»Aber wichtiger als der Preis war das Tanzen selbst«, sagte Lori.

»Anmut und Athletik«, murmelte Rose, biss in einen Cupcake und wischte sich die Krümel vom nicht mehr besonders anmutigen oder athletischen Bauch.

»Willenskraft«, sagte Melody, schob Roses Teller außer Reichweite und tätschelte ihr die Hand.

»Freundschaft«, sagte Lori und lächelte Melody und Rose an.

Dieses Lächeln war ein Killer. Selten hat mich etwas so eingeschüchtert. Niemals könnte ich diese Frauen in meine Rumpelbude zu einem Spielenachmittag ohne Motto, Selbstgebackenes und Bionade einladen. Niemals würden wir zusammen in die neueste, coolste, hippste Bar auf einen angesagten Drink gehen, denn dafür hatte ich nichts Passendes anzuziehen.

Ich bin ein hoffnungsloser Fall, aber meist ist mir das egal. An diesem Tag jedoch machte ich mir Sorgen um meine Tochter. Es war ja in Ordnung, dass ich nichts Besonderes aus *mir* machte, aber war es fair, Adolpha zu einem Aschenputtel zu erziehen? Offensichtlich erwartete sie mehr vom Leben. Sie sehnte sich nach Anmut und Athletik, Willenskraft und diesen lächerlich fluffigen Outfits. Vor allem aber sehnte sie sich nach Freundinnen. Ich hörte sie im Nebenzimmer spielen und wusste, wie viel Spaß sie mit anderen Mädchen hatte. Sie brauchte ein Zugehörigkeitsgefühl und Gleichaltrige, mit denen sie gemeinsam aufwachsen konnte. Ich musste also mit den anderen Müttern auskommen. Das schuldete ich meiner Tochter, und ich war bereit, dieses Opfer zu bringen. So sind Mütter nun mal.

»Ich mache mit«, sagte ich.

»Wie bitte?«, fragte Melody.

»Was muss ich tun, um Adolpha für dieses Tanzcamp anzumelden? Sie soll Tänzerin werden.«

»Ich dachte, genau das soll sie nicht«, sagte Rose.

»Ich habe mich zwar nie fürs Tanzen interessiert«, sagte ich. »Aber für Adolpha ist es bestimmt das Richtige. Was soll sie in einem x-beliebigen Camp? Wenn Camp, dann das beste! Ist diese Tiffani-Anne wirklich so gut?«

»Natürlich«, sagte Melody.

»Du kannst Adolpha aber nur anmelden, wenn du es ernst meinst«, sagte Lori. »Tiffani-Anne nimmt keine Mädchen an, die einfach nur durch die Gegend hüpfen. Sie nimmt nur die besten.«

»Gibt es denn eine Aufnahmeprüfung?«, japste ich. Adolpha konnte kaum geradeaus gehen. Bei einer Aufnahmeprüfung hätte sie keine Chance!

»Nein, nein«, sagte Melody. »Aber sie erwartet, dass die Mädchen hart an sich arbeiten und gut vorbereitet ins Camp kommen.«

»Das kriegen wir hin«, sagte ich.

»Dann kannst du morgen ja mitkommen«, sagte Lori.

»Okay. Was muss ich tun?«

»Um vier Uhr früh geht's los«, sagte Melody.

»Ist es wichtig, sich so früh einzuloggen? Wie heißt denn die Homepage?«, fragte ich.

»Nein, das geht nicht online«, sagte Rose. »Wir müssen uns spätestens um vier vor Tiffani-Annes Tanzstudio anstellen, wenn wir zu den zweihundert gehören wollen, die angenommen werden. Geöffnet wird um sieben.«

»Angenommen? Dann gibt es also doch eine Aufnahmeprüfung?«

»Nicht direkt, nur ein Vorstellungsgespräch. Wenn du dich mit uns zusammen anstellst, wirst du es schon schaffen.«

Also stand ich am nächsten Morgen um vier bei klirrender Kälte vor Tiffani-Annes Tanzstudio. Als ich ankam, waren Melody, Lori und Rose schon da, etwas weiter vorne in der Schlange. Überall sonst hätte ich mich zu ihnen gestellt, aber hier wagte ich es nicht, mich vorzudrängeln. Bestimmt hätten mich die zwei, drei Frauen zwischen uns gelyncht.

Eine Stunde lang trat ich von einem Fuß auf den anderen und versuchte, nicht zu erfrieren.

Dann drehte sich die Frau vor mir um und fragte empört: »Wie bitte?«

»Wie bitte – was?«, fragte ich zurück.

»Haben Sie gerade gesagt: ›Was, zum Teufel, tu ich hier eigentlich?‹«

»Habe ich das?« Gedacht hatte ich es jedenfalls. Offenbar nicht nur das.

»Allerdings«, sagte die Freundin der Frau.

»Hinter Ihnen stehen Hunderte Frauen, die alles dafür geben würden, Ihren Platz einzunehmen. Und Sie *wollen* nicht mal hier sein!«

»Nun ja, ich friere. Ich verstehe wirklich nicht, warum ich mir das antue«, jammerte ich. »Seit einer Stunde stehe ich hier mitten in der Nacht bei eisiger Kälte rum, um eine Dreijährige für ein Tanzcamp anzumelden. Das kann doch nicht wahr sein!«

»Mit dieser Einstellung werden Sie sowieso nicht angenommen«, mischte sich die Frau hinter mir ein. »Tiffani-Anne akzeptiert nur hoch motivierte Mütter und Töchter.«

»*Ich* sollte hoch motiviert sein? Herrgott, das Kind ist drei! Als ich drei war, habe ich im Sommer mit Schwimmflügeln im Pool herumgeplanscht und bin Dreirad gefahren. Genau wie es sein sollte. Das war's, meine Damen! Viel Glück!« Mit diesen Worten trat ich aus der Schlange, und Bruchteile von Sekunden später war die Lücke bereits geschlossen.

»Jen!«, rief Melody. »Es sind doch nur noch ein paar Stunden! Bleib hier! Tu es für Adolpha!«

»Keine Willenskraft!«, raunte Rose.

»Woher sollte sie die auch haben?«, fragte Lori. »Sie hat ja nie getanzt.«

Ich ging. Inzwischen reichte die Schlange bis auf den Parkplatz. Hier standen nur ambitionierte Mütter an, aber ich wusste, dass es auch Eltern gab, die in den Sommerferien einfach nur ihre Ruhe haben und die Kinder trotzdem versorgt wissen wollten.

Ich gebe zu: Als Eltern haben wir es nicht leicht. Manchmal ist einem mit den Kindern todlangweilig, und Auszeiten wären super. Aber unsere Kinder um uns zu haben ist nun mal unser Job. Auch wenn es mal keinen Spaß macht. Ich genieße die Stunden, wenn meine Kinder im Kindergarten oder in der Schule sind, aber in den Sommerferien möchte ich sie nicht missen.

Mag sein, dass ich nicht die Willenskraft aufbringe, in einer Januarnacht drei Stunden für sie Schlange zu stehen, aber für einen ganzen Sommer mit ihnen reicht's.

AGNES, DER SATANSBRATEN, UND IHRE REIZENDE MUTTER

Als Gomer in die Vorschule kam, war er ein behütetes Kind. Okay, vielleicht ein wenig überbehütet. Immer noch legte ich ihm morgens die Sachen heraus, die er anziehen sollte. Er nannte mich »Mami« und brauchte zum Schlafen eine Schmusedecke, die er »Munga-Munga« nannte. (Nein, fragen Sie nicht! Ich habe keine Ahnung, was das bedeuten soll.) Sein bester Freund war seine kleine Schwester.

Ich habe mir diesen Absatz gerade noch einmal durchgelesen und muss zugeben, dass sich nicht viel verändert hat, obwohl er inzwischen acht ist. Sein Zeug lege ich ihm heraus, weil er zu faul ist und sonst bei Wind und Wetter Shorts tragen würde. Die Munga-Munga hat immer noch einen festen Platz in seinem Bett, und ich bin mir ziemlich sicher, dass er sie immer noch als Schmusedecke benutzt, wenn keiner guckt. Und ja: Seine Schwester ist immer noch sein bester Freund. Nur »Mami« nennt er mich nicht mehr. Ich wäre schon mit »Mom« zufrieden, aber meist sagt er nur: »Ey, du!«

Durch den Kindergarten hat er zwar Erfahrungen mit der Welt da draußen gesammelt, aber trotz einiger rassistischer Spielchen bewegte er sich immer noch in einer geschützten Umgebung, wurde geliebt und gefördert. Er war so ein Softie, dass er weinte, wenn seine Schwester Ärger bekam.

Ebbi und ich wussten, dass die Vorschule ein anderes Kaliber war. Immerhin musste er mit mindestens zwanzig anderen Kindern und (seufz!) nur einer Lehrerin klarkommen. Dass das nicht immer einfach für ihn sein würde, war uns von vornherein klar, aber dass er grün und blau geschlagen werden würde, ahnten wir natürlich nicht.

Als ich ihn in der ersten Woche abends zu Bett brachte und fragte, wie es in der Vorschule war, sagte er: »Schrecklich, Mami! Auf dem Spielplatz wurde ich verhauen.«

»Was?« Meine Gedanken überschlugen sich. *Wer hat meinem Baby etwas getan? Den bringe ich um!* »Von wem denn, Gomer?«

»Von Agnes«, wimmerte er.

Agnes! Wer sonst? Schon am ersten Tag hatte man mich vor ihr gewarnt.

Ich hatte Gomer gerade in seiner Klasse abgeliefert, als ich meine Freundin Sandy im Flur traf. Ich erzählte ihr von unserem Sommerurlaub in Branson, dem »familienfreundlichen Las Vegas«, das meine Kinder mindestens so aufregend fanden wie Disneyland; da sah ich Agnes aus dem Klassenzimmer auf den Wasserspender zustürmen.

»Hey, Agnes!«, rief die Lehrerin. »Komm bitte wieder rein! Keiner verlässt das Zimmer ohne Erlaubnis.«

»Sorry, ich habe Durst«, sagte Agnes und bewegte sich keinen Millimeter vom Wasserspender weg.

Die Lehrerin ging zurück ins Klassenzimmer, und Agnes blieb, wo sie war. Erst trat sie ein paarmal gegen die Wand, dann rupfte sie ein Bild der Raupe Nimmersatt von der Pinnwand, warf es auf den Boden und trampelte mit ihren Tennisschuhen darauf herum.

Ich fragte mich, was mit dem Kind los war.

»Agnes?« Die Lehrerin steckte den Kopf aus dem Klassenzimmer.

Agnes hielt inne, setzte ein unschuldiges Lächeln auf und stellte ihren Schuh auf den roten Kopf der Raupe. »Ja, Miss?«

»Kommst du, Liebes?«

Ich dachte: *Warum fragt sie, statt dem Gör einen glasklaren Befehl zu erteilen?*

»Gleich«, sagte Agnes. *Ist das etwa eine akzeptable Antwort?* Agnes betrachtete die Pinnwand und bohrte ein Loch in den Kork.

»Gut, dass ich hier nicht arbeite«, raunte ich Sandy zu. »Oder darf man Kindern hier den Hintern versohlen?«

Sandy kicherte.

»Ich muss mal«, sagte Agnes.

Die Lehrerin sagte: »Gut, aber beeile dich bitte.« Dann verschwand sie wieder.

Sandy und ich redeten weiter. Plötzlich ertönte in der Mädchentoilette ein Schrei. Dann kam ein Mädchen herausgerannt und hielt sich den blutenden Mund.

Die Lehrerin kam aus dem Klassenzimmer und fragte: »Was ist hier los?«

In dem Moment trat Agnes aus der Mädchentoilette, ging zum Waschbecken im Flur und widmete sich hingebungsvoll dem Händewaschen. Ich behielt sie im Auge, während sie sich sorgfältig einseifte.

»Sie hat mich so doll gegen die Wand geschubst, dass mir ein Zahn abgebrochen ist«, heulte das andere Mädchen und zeigte auf Agnes, die sich bis zu den Ellenbogen abschrubbte, als bereite sie sich auf eine Operation am offenen Herzen vor.

»Wer – ich?«, fragte sie mit Unschuldsmiene. »Ich habe dich nicht geschubst. Der Fußboden ist so glatt, ich bin vorher auch ausgerutscht und wollte dir gerade sagen, du sollst vorsichtig sein, aber da bist du schon gefallen. Ist ja auch nicht so schlimm. Denk an die gute Seite: Heute Nacht kommt die Zahnfee zu dir.«

Das verletzte Mädchen lächelte selig, und ich dachte: *Mann, ist diese Göre gut!*

»Ich werde dem Hausmeister wegen des rutschigen Fußbodens Bescheid sagen«, sagte die Lehrerin. »Geh ins Krankenzimmer, Sally. Und du, Agnes, kommst jetzt wieder rein!«

»Ja, Miss. Ich wollte nur noch die Pinnwand in Ordnung bringen.«

»Braves Mädchen«, sagte die Lehrerin und sah Sandy und mich an, als wollte sie sagen: *Ist sie nicht süß?*

Sandy räusperte sich und murmelte etwas wie »Dieses kleine Biest!«.

Die Lehrerin sagte zu Agnes: »Ich habe mir mit der Pinnwand so viel Mühe gegeben und hatte gehofft, dass sie wenigstens *eine* Woche hält. So schade, dass immer irgendjemand Dinge herunterreißt. Aber lass nur, Liebes. Komm wieder rein. Ich kümmere mich heute Nachmittag darum.« Dann ging sie wieder ins Klassenzimmer.

»Du hast das Bild von der Raupe Nimmersatt heruntergerissen«, sagte ich zu Agnes, als sie an mir vorbeischlenderte, und sah Sandy an, die wieder »Was für ein kleines Biest!« sagte. Dieses Mal verstand ich es klar und deutlich.

»Es war schon eingerissen«, sagte Agnes und sah mich mit riesigen Rehaugen an. »Als ich sehen wollte, was damit los ist, wurde der Riss noch größer. Es war keine Absicht.« Sie hielt zwei zerknitterte Birnen aus Papier hoch. »Die hier sind dabei auch runtergefallen.«

»Kommst du, Agnes?«, rief die Lehrerin.

»Bin schon unterwegs, Miss«, rief Agnes zurück. »Diese Frau hat mich angesprochen, aber ich habe ihr gesagt, dass ich nicht mit Fremden reden darf.« Dann lief sie schnell ins Klassenzimmer und stopfte sich die Papierbirnen in die Taschen ihres Spielhöschens.

Die Lehrerin steckte den Kopf aus dem Klassenzimmer. »Meine Damen, es wäre angebracht, wenn Sie Ihr Gespräch auf den Parkplatz verlegten. Sie stören den Unterricht.«

Dieses kleine Biest, wie Sandy sie völlig zu Recht nannte, hatte es tatsächlich geschafft, mir einen Rüffel der Lehrerin einzubringen!

»Ich bin keine Fremde«, sagte ich. »Ich bin Gomers Mutter, keine Kriminelle, die kleinen Kindern auflauert!«

»Was das betrifft, sind wir hier sehr vorsichtig. Wenn Agnes sich durch Ihre Worte unwohl fühlte, war es ganz richtig von ihr, das zu melden. Gerade als Mutter sollten Sie alles unterlassen, was ein Kind in Bedrängnis bringen kann.«

»Aber sie hat die Pinnwand zerstört, und ich bin mir ziemlich sicher, dass sie das andere Mädchen geschubst hat«, versuchte ich klarzustellen, wer hier der Übeltäter war.

»Wie kommen Sie dazu, solche Anschuldigungen zu erheben? Kinder rutschen andauernd aus, und die Pinnwand gerät ständig in Unordnung. Solche Dinge passieren nun einmal. Agnes ist ein Kind, keine Hexe. Ihr ist nichts vorzuwerfen. Und wenn ich Sie an die Anweisung der Schulleitung erinnern darf, bezüglich zügigen Bringens und Abholens der Kinder, damit wir ungestört unsere Arbeit machen können …«

»Diese Kleine ist nicht mehr zu retten«, murmelte Sandy, als wir auf den Ausgang zusteuerten.

»Kennst du sie?«, fragte ich.

»Ja, natürlich. Du etwa nicht?«

»Nein, ich habe sie noch nie gesehen. Ist sie immer so?«

»Immer. Und Gomer ist in derselben Klasse? Der Ärmste! Dabei ist die Mutter wirklich nett.«

»Kennst du sie näher?«

»Ich habe sie während des Beißdramas kennengelernt, von dem ich dir letztes Jahr erzählt habe. Agnes war *die* Beißerin des Kindergartens.«

Ich erinnerte mich. Letztes Jahr waren Agnes und Sandys Tochter Zara in derselben Gruppe. Agnes klaute ihr wochenlang das mitgebrachte Lunchpaket, und als Zara sich endlich traute, das zu melden, begann Agnes sie auf dem Spielplatz zu verdreschen. Sandy machte einen Termin mit der Leitung und der Erzieherin. Dabei stellte sich heraus, dass sich auch andere Eltern beschwert hatten, weil Agnes ihre Kinder trat und schlug, aber kein Erwachsener hatte sie je dabei erwischt. Stattdessen schwärmte die Erzieherin von Agnes' Mutter und sagte, sie könne sich gar nicht vorstellen, dass ihre Tochter so missraten sei. Eher könne sie sich vorstellen, dass die anderen Kinder Agnes beneideten und sie deswegen anschwärzten. So stand Zara praktisch als Lügnerin da. Sandy war natürlich empört, aber was konnte sie tun? Sie riet Zara, sich künftig von Agnes fernzuhalten, und einige Tage ging alles gut. Bis Agnes Zara während des Mittagsschlafs biss. Und zwar so kräftig, dass Zara blutete. Als Zara aufwachte, hatte Agnes sich regelrecht in ihren Arm verbissen, wie ein Kampfhund. Bis eine Erzieherin kam, hatte Agnes sich wieder in ihr Bettchen gekuschelt und tat, als schliefe sie tief und fest. Sandy konnte nie beweisen, dass Zaras Bisswunde von Agnes stammte, und das Ganze endete damit, dass sie Zara aus dem Kindergarten nahm.

Die Beißerin war also Agnes?!

Für ihr Alter war sie sehr klein, nicht viel größer als Adolpha, aber ihr Ruf war enorm. Bevor ich sie an diesem Morgen kennenlernte, hatte ich sie mir immer viel größer und kräftiger vorgestellt, mit einem Totenschädel-Tattoo auf dem stahlharten Bizeps und Raucherhusten. Jetzt wusste ich, dass sie Zöpfe trug, eine niedliche kleine Stupsnase hatte und herzallerliebst lispelte, weil ihr zwei Schneidezähne fehlten.

Sandy war nicht die Einzige, die Probleme mit ihr hatte. Gebrochene Arme, Wunden, die genäht werden mussten, und Veilchen pflasterten ihren Weg. Nie konnte zweifelsfrei bewiesen werden, dass diese Verletzungen auf Agnes' Konto gingen, aber sie war immer in der Nähe, wenn ein Kind »zufällig« aus einem Baumhaus fiel und sich den Arm brach oder wenn sich der Pitbull eines Nachbarn »losriss« und im ganzen Viertel Amok lief.

Es ging das Gerücht, die Schulleitung habe nicht gewusst, in welche Klasse sie Agnes stecken solle, weil viele Eltern sie nicht in derselben Klasse haben wollten wie die eigenen Kinder. Ich hatte nicht mal gewusst, dass man darauf Einfluss nehmen konnte, und nun war Agnes in Gomers Klasse.

Das Merkwürdigste war, dass Agnes' Mutter so beliebt war, wie Agnes gefürchtet wurde. Die Frau besaß Humor und war freundlich zu jedermann, hatte viele Freunde, und wer noch nicht mit ihr befreundet war – wie ich –, wollte es gern sein.

»Vielleicht ist Agnes ja gar nicht sooo schlimm«, sagte ich und wusste nicht recht, ob ich an den Zahn denken sollte, den Sally vorzeitig verloren hatte, oder daran, dass ich hoffte, bald in den Buchclub aufgenommen zu werden, in dem Agnes' Mutter Vorstandsmitglied war.

»Aus diesem Mutter-Tochter-Gespann wird niemand schlau. Die Mutter ist immer die Erste, die sich freiwillig meldet, wenn es ums Catering für ein Kinderfest geht, und kommt dann mit Snacks, die nicht nur gesund sind, sondern auch schmecken. Andauernd hat sie Ideen für Spiele und Basteleien, mit denen man die Kinder auf diesen Festen beschäftigen und in Schach halten kann. Sie packt an, wo immer Hilfe gebraucht wird – ob die Bibliothekarin die Bücher neu sortieren will, ein Vorleser gesucht wird oder der Hausmeister die Toiletten gründlich saubermachen will. Nicht dass sie für irgendetwas Expertin wäre, aber sie hilft, wo sie kann. Ihre Tochter dagegen hat es fertiggebracht, dich zu einer ›Fremden‹ zu machen, die Kinder anspricht – zu jemandem, vor dem die Kinder immer gewarnt werden.«

Das war richtig. Ich war neu hier, und Gomer hatte noch Jahre an dieser Schule vor sich. Nicht auszudenken, wie wir dastünden, wenn ich mir einen Ruf als … was? Kinderschänderin? einhandelte. Was immer ich mir an ehrenamtlicher Mitarbeit gewünscht hatte, könnte ich dann vergessen.

»Agnes ist wirklich ein Biest«, sagte Sandy. »Unglaublich manipulativ. Andererseits kannst du dich auf schöne Geschenke freuen, wenn sie dein Kind vermöbelt. Wie meinen Pflanzenkübel.«

Kurz nachdem Zara den Kindergarten gewechselt hatte, wurden Sandy ein hübsch bepflanzter Blumenkübel und ein Präsentkorb ins Haus geschickt. Von Agnes' Mutter. Der Präsentkorb enthielt lauter coolen Schnickschnack, den Sandy sich niemals selbst gegönnt hätte – inklusive Gutschein für eine Massage. Angeblich machte Agnes' Mutter das immer so. Statt Agnes' Schuld einzugestehen, machte sie Geschenke. Und alle wussten, dass es eine verkappte Wiedergutmachung sein sollte. Auf fast jeder Veranda in Sandys Straße stand so ein Pflanzenkübel. Eine Familie hatte sogar einen neuen Kirschbaum im Garten, weil Agnes den alten so beschädigt hatte, dass er einging. Als ihre Mutter den Scheck für einen neuen unterschrieb, sagte sie nur: »Agnes ist ganz vernarrt in die amerikanische Geschichte« und spielte damit auf die Anekdote an, derzufolge George Washington als Dreikäsehoch einen Kirschbaum irreparabel beschädigt hatte.

Jedenfalls behielt ich Agnes seit diesem Tag im Auge.

Wenn ich in der Vorschule aushalf, konnte ich zunächst jedoch nichts Ungewöhnliches beobachten. Im Gegenteil. Agnes versuchte sich bei mir einzuschleimen. »Sie sehen so hübsch aus, Ma'am!« – »Danke, dass Sie heute bei uns aushelfen, Ma'am.« – »Es ist so schön, dass Sie da sind.«

Am liebsten hätte ich gesagt: *Lass den Scheiß! Ich bin siebenunddreißig und trage Mama-Jeans. Nicht mal meinem Mann gefalle ich heute.*

Obwohl sie kiloweise Süßholz raspelte und wahrscheinlich eine brillante Karriere als Verkäuferin und/oder Politikerin vor sich hatte, erwischte ich sie bei nichts Verbotenem. Umso erstaunter war ich, als Gomer sagte, Agnes habe ihn »attackiert«.

Vielleicht war ihm der Schmus, den sie von sich gab, zu viel. Das verstand ich gut.

»Was hat sie denn getan?«, fragte ich.

»Sag ich doch. Sie ist auf mich losgegangen«, schluchzte Gomer.

»Aber *wie?«*, fragte ich und dachte an Zara. »Was hat sie getan? Dich gebissen?«

»Sie hat mich geboxt, im Flur. Das tut sie immer, wenn kein Erwachsener hinguckt.«

»Hast du es schon der Lehrerin gesagt?«

»Nein, kann ich nicht. Agnes sagt: ›Wer petzt, kriegt Saures.‹ Weißt du, was das bedeutet?«

Herrgott, wie kam dieses Biest denn auf so was? Vom Kinderkanal hatte sie es jedenfalls nicht. »Ja, ich weiß, was das bedeutet.«

»Ich wusste es nicht, deswegen habe ich sie gefragt, und da hat sie mich noch mal geboxt. Sie tut das andauernd! Jeden Tag verhaut sie irgendjemanden.«

Jeden Tag? Und das erfuhr ich erst jetzt?

Vielleicht halten Sie mich jetzt für eine schlechte Mutter, weil ich nicht Himmel und Hölle in Bewegung setzte, um diese Agnes zu stoppen. Sie dürfen jedoch nicht unterschätzen, was für eine blühende Fantasie Gomer besitzt. Okay, man könnte auch sagen: Es kam nicht selten vor, dass er einem faustdicke Lügen auftischte.

Wenn er mit irgendwelchen Horrorgeschichten ankam, war also Vorsicht geboten. Ich war ihm schon ein paarmal auf den Leim gegangen, wenn er Geschichten aus dem Fernsehen in seine Welt übersetzte und als reale Erlebnisse zum Besten gab. (Wahrscheinlich sollte ich seinen Fernsehkonsum kontrollieren, aber was hätte ich dann davon, den Fernseher als Babysitter zu benutzen, wenn ich die ganze Zeit daneben säße?)

Hätte Sandy mich nicht vor Agnes gewarnt, hätte ich seine Klagen wahrscheinlich als Humbug abgetan, aber ich hatte die Stiche gesehen, mit denen Zaras Arm genäht werden musste.

Ich deckte ihn gut zu, sagte Gute Nacht und ging nach unten ins Wohnzimmer, um zu überlegen, was ich tun sollte.

Agnes' Mutter anzurufen war gefährlich, denn ich wusste zu wenig über das tagtägliche Geschehen in der Vorschule, und es bestand die Gefahr, dass sich das Gespräch wie folgt entwickeln würde:

Jen: Hi, Jen hier, die Mutter von Gomer. Er hat mir vorhin erzählt, dass Agnes ihn jeden Tag haut.

Mutter von Agnes (MvA): Oh, Jen! Schön, dass du anrufst.

Jen: Ach ja? Dann lass uns doch überlegen, was wir tun können, damit unsere Kinder Freunde werden. (Innerlich klopfte ich mir dabei auf die Schulter: Was war ich doch für eine Supermom! In einem Jahr, wenn wir alle beste Freunde wären, würden wir uns über diese Episode scheckig lachen.)

MvA: Genau. Ich bin froh, dass du die Initiative ergreifst, denn ich habe mich, ehrlich gesagt, nicht recht getraut. Angeblich hat Gomer Agnes beigebracht, »verfickt« zu sagen, und nun sagt sie es alle paar Minuten.

Jen: Wie bitte? Das kann nicht wahr sein! Gomer *kennt* dieses Wort nicht mal.

MvA: Doch, das tut er. Sonst hätte er es Agnes ja nicht beibringen können.

Jen: Das hat er ganz bestimmt nicht getan!

MvA: Ich habe deinen Blog gelesen, Jen. Du benutzt dieses Wort andauernd. (Wahrscheinlich würden wir uns über diese Episode später doch nicht scheckig lachen.)

Jen: Okay, aber …

MvA: Du magst es komisch finden, wenn Kinder den ganzen Tag »verfickt« sagen. Aber ich sehe das, mit Verlaub, ganz anders.

Jen: Hey, Moment mal! Ich finde das überhaupt nicht komisch. Wirklich nicht. Vor den Kindern benutze ich solche Kraftausdrücke nie.

MvA: Ich maße mir kein Urteil über den Erziehungsstil anderer Eltern an, aber was du da tust, finde ich bedenklich. Du sagst so oft »verfickt«, dass du es bestimmt auch in Gomers Gegenwart tust.

Jen: Tu ich nicht!

MvA: Es geht mich ja nichts an, was ihr in euren eigenen vier Wänden so treibt. Ich weiß nur, dass Agnes dieses Wort von Gomer gelernt hat – und nicht nur als Schimpfwort, sondern auch in seiner eigentlichen Bedeutung. Letzten Sonntag ist sie aus der Bibelstunde geflogen, weil sie es wiederholt sagte. Nach *unseren* Maßstäben ist das vollkommen unakzeptabel.

Jen: Das sehe ich genauso. Deswegen kann ich mir nicht vorstellen, dass Gomer dahintersteckt.

MvA: Aber Agnes hältst du für ein Kind, das andere schlägt? Bis jetzt hat sich noch niemand über Agnes' Betragen beschwert. Bis sie dieses Wort von Gomer lernte.

Jen: Noch mal: Mein Sohn kennt dieses Wort nicht! Und ja: Ich halte Agnes für ein Kind, das andere schlägt. Mein Mann hat neulich, als die Kinder auf dem Spielplatz waren, sogar gesehen, wie Agnes Gomer schlug.

MvA: Dein Mann nimmt sich mitten am Tag frei, um die Kinder auf dem Spielplatz zu belauern? Was für ein Spanner tut denn so was?

Jen: Er ist kein Spanner!

MvA: Hat er eine Erlaubnis für den Aufenthalt auf dem Schulgelände?

Jen: Er ist dort nur vorbeigefahren und hat kurz angehalten, um …

MvA: Bitte erspare mir die Einzelheiten! Das ist ja ekelhaft!

Jen: Er hat gesehen, dass Agnes wie eine gewohnheitsmäßige Schlägerin zu Werke ging!

MvA: Ich hätte ja nichts gesagt wegen des F-Worts, aber wenn du mir jetzt so kommst … Was dein Mann da treibt, ist sittenwidrig! Ich kann nur hoffen, dass er Agnes nicht zu nahe gekommen ist!

Jen: Jetzt reicht's aber! Er ist nur vorbeigefahren, um zu sehen, ob Gomer uns die Wahrheit sagt.

MvA: Dann seid ihr also schon selbst drauf gekommen, dass Gomer falsche Anschuldigungen gegen Agnes erhebt? Interessant! Offenbar haltet ihr ihn für einen Lügner, aber natürlich einen, der das F-Wort nicht kennt. Lebst du eigentlich hinterm Mond?

Jen: Ob ich … Weißt du, ich habe dich angerufen, weil Gomer von Agnes jeden Tag verprügelt wird und wir wollen, dass das aufhört. Wenn nicht, sprechen wir mit der Leitung.

MvA: Mit der Leitung werde ich auch sprechen, und zwar über Gomers Ausdrucksweise und deinen Sittenstrolch von Mann.

Jen: Gomers Ausdrucksweise ist vollkommen in Ordnung, und mein Mann hat nichts Unsittliches getan. Das einzige Problem ist das Verhalten deiner Tochter.

MvA: Meine Tochter hat höchstens das Problem, dass sie aus der Bibelstunde geflogen ist. Nicht mal den Segen hat sie mehr bekommen. Deinetwegen landet sie noch im Fegefeuer! Wie kannst du das mit deinem Gewissen vereinbaren?

Jen: Was redest du da für einen verfickten Scheiß?

MvA legt grußlos auf.

Damit mir so etwas nicht passierte, brauchte ich mehr Informationen. Eine andere Mutter anzurufen, ohne die ganze Wahrheit zu kennen, konnte fürchterlich nach hinten losgehen.

Ebbi und ich beschlossen, dass er (mit ausdrücklicher Erlaubnis der Leiterin) zur Schule fahren und die Kinder auf dem Spielplatz beobachten sollte. Dort sah er dann, dass Gomer die Wahrheit sagte und nicht der Einzige war, der von Agnes vermöbelt wurde. Das Biest versteckte sich hinter den Klettergerüsten, wo die Lehrerinnen sie nicht sehen konnten, und wenn ein ahnungsloses Kind in Agnes' Nähe kam, sauste sie auf es los und gab ihm Saures.

Wir schrieben der Lehrerin eine E-Mail und berichteten, was Ebbi gesehen hatte. Dann baten wir sie, der Sache nachzugehen und uns mitzuteilen, was sie zu tun gedächte. Ihre erste Antwort war: »Es überrascht mich zu hören, dass Gomer und Agnes Probleme miteinander haben sollen. Agnes mag Gomer sehr und spielt am liebsten mit ihm. Wir wissen, dass sie körperlich sehr aktiv und ein wenig distanzlos ist, aber sie ist nun mal ein Energiebündel, und in ihrem Alter ist es schwer, sich zu beherrschen. Ich werde mit beiden sprechen und ihnen noch einmal klarmachen, wie man mit Freunden umgeht. Haben Sie übrigens schon Agnes' Mutter kennengelernt? Sie ist eine wunderbare Frau, und wir haben ihr viel zu verdanken. Heute gestaltet sie unsere Pinnwand neu. Als sie hörte, dass die zerstört worden ist, bot sie sofort ihre Hilfe an. Wenn sie nachher kommt, informiere ich sie über Ihre E-Mail. Bestimmt lässt sich alles zur beiderseitigen Zufriedenheit klären.«

Die Woche war noch nicht vorbei, als ich ein Geschenk bekam. Nachdem ich einige Besorgungen gemacht hatte, fand ich es auf unserer Veranda, ein großes Paket. Darin befand sich ein todschicker Edelstahlcontainer aus einem todschicken Laden, den ich niemals betreten würde, voll bepackt mit Schnickschnack für die ganze Familie: riesige Murmeln und Schnurrbärte zum Ankleben für die Kinder, eine Duftkerze mit Rasenmaht-Aroma für Ebbi, diverse trendige Alcopops und todschicke Cocktailservietten für mich, bedruckt mit Fünfzigerjahre-Hausfrauen, die comic-artig Dinge dachten wie: *Verfluchter Mist! Die Cupcakes müssen aus dem Ofen!* Eine Karte lag auch dabei:

Liebe Jen,
wir haben uns noch gar nicht richtig kennengelernt, aber ich weiß, dass wir gemeinsame Freunde haben. Ich glaube, vor einigen Wochen sind wir uns sogar beim Gartenfest der Joneses vorgestellt worden. Seither habe ich so viel von Gomer gehört, dass ich das Gefühl habe, seine ganze Familie zu kennen. Agnes liebt Gomer, und die beiden spielen ganz wunderbar miteinander.
Vielleicht hast du schon von anderen Eltern gehört, dass ich, wenn ich etwas sehe, das mich an Agnes' Freunde erinnert, der Versuchung nicht widerstehen kann, es zu kaufen und ihnen zu schenken. Ich weiß, dass es eine Unart ist, aber ich kann einfach nicht anders.
Ich dachte, Adolpha freut sich wahrscheinlich über die Murmeln, und Gomer findet die Schnurrbärte bestimmt witzig. Die Vorlieben deines Mannes kenne ich natürlich nicht, aber wenn er meinem auch nur im Entferntesten ähnelt, wird ihm diese wunderbare Kerze mit männlichem Duft gefallen.
Ich verfolge deinen Blog seit einiger Zeit und finde es furchtbar aufregend, eine Prominente im Bekanntenkreis zu haben (ich hoffe, das ist dir nicht peinlich). Als ich die Servietten sah, musste ich spontan an dich denken. Hoffentlich habe ich das Richtige getroffen.
Und hoffentlich lernen wir uns bald besser kennen. In der

Zwischenzeit versuche ich, deine Aufnahme in den Buchclub zu beschleunigen. Normalerweise dauert es ewig, aber für dich kann bestimmt eine Ausnahme gemacht werden.
Vielleicht kann Gomer bald zum Spielen zu uns kommen. Agnes würde sich sehr freuen.
Liebe Grüße von Agnes' Mom

Wow, dachte ich. *Wie aufmerksam! Die Servietten sind klasse, und plötzlich bin ich ein Promi! Das hat noch nie jemand gesagt. Vielleicht ist Agnes ja doch nicht so schlimm. Immerhin hat ihre Mutter einen hervorragenden Geschmack und bringt mich schnell in den Buchclub!*

Gomer kam an diesem Tag mit zerrissenem T-Shirt und blauen Flecken nach Haus. »Guck, was Agnes gemacht hat!«, rief er schon an der Haustür.

Verdammte Scheiße, dachte ich und legte den aktuellen Katalog des Buchclubs beiseite (den ich schon mal studierte, falls es mit meiner Mitgliedschaft schneller gehen würde als erwartet). Während ich in Gomers verweintes Gesicht sah, wehte mich der herrliche Rasenmaht-Duft der Kerze an, die auf der Küchentheke brannte. *Das T-Shirt ist uralt*, dachte ich. *Bestimmt war es schon mürbe.* Das Eis in meinem trendigen Alcopop klirrte. (Ja, ich genoss ihn schon am frühen Nachmittag. Na und? Wollen Sie mich jetzt verklagen?) Ich nahm mein Glas von der Cocktailserviette (auf der eine Fünfzigerjahre-Hausfrau dachte: *Huch, es ist ja schon wein Uhr dreißig!*) und trank einen Schluck. Und dachte dabei: *Kinder fallen doch alle naslang hin. Meinem Sohn wird schon nichts passiert sein.*

»Mami!«, schrie Gomer. »Sie hat mir an den Piephahn getreten!«

Dieses verfickte Biest – inklusive Mutter!

Ich blies die Kerze aus, warf meine neuen Servietten in eine Schublade und griff zum Telefon.

Gern würde ich berichten, dass die Sache schnell geregelt wurde und Agnes zur Räson gebracht werden konnte, aber das war leider nicht der Fall.

Im Laufe des Jahres bekam ich noch zwei weitere wunderbare Geschenkpakete und einen Pflanzenkübel für die Veranda. Und im Buchclub wurde ich in Rekordzeit Mitglied. Dort genieße ich die kultivierten Gespräche mit Agnes' Mutter. Sie ist wirklich eine tolle Frau!

DU SOLLST NICHT BEGEHREN DEINES NACHBARN AUTO

Ich muss Ihnen etwas gestehen. Nein, hier geht es nicht um meine heimliche Bastelleidenschaft und den Hobbykeller voller Stoffdruckstempel, Farben, Tüll, Litzen und Heißklebepistolen (ja, Plural, denn jede Basteltante, die ihren Glitter wert ist, weiß, dass man Heißklebepistolen in verschiedenen Größen und Ausführungen braucht). Natürlich besitze ich das alles, aber viel peinlicher ist, dass ich mir so sehr einen Minivan wünsche.

Nicht, dass ich einen bräuchte. Ich habe ja nur zwei Kinder und zwei Haustiere, die ich ständig von A nach B transportieren muss, und dafür reicht ein stinknormales Auto. Trotzdem hätte ich ab und zu gern einen. Am liebsten einen schwarzen, weil die am meisten hermachen. Und wenn schon – denn schon!

Ich weiß. Nichts anderes signalisiert so deutlich, dass man sich in die Elternrolle gefügt und alle anderen Ambitionen aufgegeben hat. Minivans sind nicht sexy. Minivans sind trutschig. Minivans sind die Jogginghosen unter den Autos. Aber da ich ohnehin meist nur noch Jogginghosen trage, gäbe ich am Steuer eines MV eine richtig gute Figur ab.

Menschen, die über Minivans die Nase rümpfen, stehen auf Geländewagen, die zwar genug Platz für Kinderkarren und Windelpakete, Fußball- und Ballettklamotten, Schulranzen, Spielkameraden und den Hund bieten, aber cool und draufgängerisch aussehen. Ich selbst war mal der Geländewagentyp. Jahrelang sonnte ich mich in der Gewissheit, dass ich, sollte ich einmal in den Schneesturm des Jahrhunderts geraten, nur mein Allradgetriebe anzuschmeißen brauchte, um meiner Familie das Überleben zu sichern bis zum nächsten Einkaufszentrum, um Milch und Klopapier zu kaufen. Oder jederzeit ein Boot oder einen Wohnwagen an meine Anhängerkupplung wuchten und spontan eine Weltreise starten konnte. In Wahrheit nutzte ich meinen Allradantrieb nie, was aber nicht weiter auffiel, weil ich ja im pfannkuchenplatten Kansas und nicht in den Rocky Mountains wohnte. Außerdem übernachtete ich lieber in Vier-Sterne-Hotels als im Wohnwagen, und eine Anhängerkupplung verleitet irgendwelche Idioten womöglich, um Hilfe bei Sofa- und Waschmaschinentransporten zu bitten. (Autsch! Ebbi sagt gerade, dass ich gar keinen Allradantrieb hatte. Sooo cool war mein Geländewagen offenbar doch nicht.)

Ist der Minivan die Jogginghose unter den Fahrzeugen, so ist der Geländewagen die Cargohose. Nichts gegen Cargohosen, aber Jogginghosen sind einfach bequemer und bringen meinen Hintern besser zur Geltung. Dasselbe verspreche ich mir von einem Minivan.

Als meine Kinder (und ich) älter wurden, begann der Geländewagen zu nerven. Es war anstrengend, die schweren Türen zu öffnen, bei der Heckklappe sogar ein echter Kraftakt. Nicht genug Sitze für den wachsenden Freundeskreis der Kinder zu haben, war oberpeinlich, und ich war es leid, andauernd sagen zu müssen: »Mehr geht nicht, wir haben nur zwei Klappsitze.« Also begann ich von einem Minivan mit einer kompletten zusätzlichen Sitzreihe zu träumen.

Ich platzte vor Neid, wenn andere Mütter die Schiebetüren ihrer Minivans per Knopfdruck öffneten. So was wollte ich auch haben! Ich wollte auf einen Knopf drücken und dann zusehen, wie meine Kinder und all ihre Freunde aus dem Wagen quollen – wie eine Staffel von Fallschirmspringern, die sich bei einer Flugshow in die Tiefe stürzt. Vor der Schule bräuchte ich den

Wagen nicht mal zum Stehen zu bringen; ich könnte einfach ausrollen, den Knopf drücken und dann zuschauen, wie sich der Wagen binnen Bruchteilen von Sekunden leert. Des Weiteren hätten Schiebetüren den Vorteil, dass meine Kinder ein- und aussteigen konnten, ohne parkenden Fahrzeugen, Radfahrern und Passanten größere Schäden zuzufügen, wenn sie, wie es ihre Art war, unsere konventionellen Fahrzeugtüren ungestüm aufrissen. Als Besitzerin eines Minivans würde ich also die Unfallstatistik minimieren und der Menschheit etwas Gutes tun.

Schiebetüren waren aber nicht das Einzige, wonach es mich gelüstete. Da war auch noch der DVD-Player mit schnurlosen Kopfhörern, denn manchmal bin ich drauf und dran, Amok zu fahren, wenn meine Kinder unterwegs ihre Benjamin-Blümchen- oder Bibi-Blocksberg-Kassetten hören. MVs haben individuelle Hörkanäle für jeden Sitz sowie Bluetooth für freihändiges Telefonieren. Ich könnte also, während die Kinder ihre Kopfhörer aufhätten, normal reden und so oft »verfickt« und »Scheiße« sagen, wie ich will. Ferner lockte ein Schiebedach, denn Adolpha und ich lassen uns gern von der Sonne bescheinen, wenn wir laut singend durch die Stadt fahren. Auch eine per Knopfdruck zu öffnende Heckklappe, an der ich mir nie wieder die Hände schmutzig machen würde, hat ihren Reiz. Ganz zu schweigen von den schicken Lederbezügen für Sitze und Lenkrad.

Warum soll man es – vor allem wenn man viel unterwegs ist – im Auto nicht mindestens so gemütlich haben wie daheim? Die Stunden, die ich meine Blagen von einem Event zum anderen durch die Gegend kutschiere, kann ich zwar nicht abrechnen, aber ich könnte mir die Fahrerei wenigstens nett machen. In einem der zahllosen Becherhalter eines MV könnte ein Heißgetränk stecken, und mein beheizbarer Ledersitz wäre herrlich bequem, während ich darauf warte, dass Gomers Fußballspiel vorbei ist.

Leider besitze ich so einen Wagen aber immer noch nicht, denn Ebbi hat ihn für unpraktisch erklärt. In Wahrheit ist er dagegen, weil er hinter dem Steuer eines Minivans wie ein Pantoffelheld aussehen würde (da hat er recht, ich sähe aus wie die junge Mutter Beimer). Aber das tut er genauso, wenn er mit meiner Handtasche auf den Knien vor einer Umkleidekabine sitzt oder im Supermarkt Tampons für mich kauft. Welches falsche Selbstbild kultiviert er da eigentlich? Abgesehen davon sollte er sich nicht darüber hinwegtäuschen, dass Frauen, wenn sie einen Kerl in einem aufgemotzten, chromglänzenden Geländewagen sehen, automatisch »kleiner Penis« denken (wenn auch noch Männlichkeitssymbole an seiner Anhängerkupplung hängen, denken sie »winziger Penis«). Ich an Ebbis Stelle sähe lieber wie ein Pantoffelheld aus als wie jemand, der ein dürftiges Gemächt durch sein Auto kompensiert.

Zurzeit vergeht kaum eine Woche, ohne dass jemand mit einem funkelnagelneuen Minivan durch die Nachbarschaft fährt, vor allem Mütter. Ich muss mich dann immer beherrschen, um nicht an der nächsten Kreuzung auf den Wagen zuzusprinten und ihn der Fahrerin zu entreißen. Und wenn mir die stolzen Besitzer zeigen, wie einfach sich ihr neues GPS programmieren oder die Rückbank umklappen lässt, sabbere ich. Kein Wunder also, dass die Anschaffung eines Minivans bei uns immer wieder Thema ist.

Als wir das letzte Mal in unserer Familienkutsche (ein Mittelding zwischen Normalwagen und Minivan; Ebbi hat den Geländewagen verkauft, weil er ein Benzinfresser war, und durch eins dieser unsäglichen Modelle ersetzt, die der Traum jeder Schwiegermutter sind; er schafft es sogar, sich darin cool zu fühlen, weil sich der Wagen »einfach rechnet«, und was sich rechnet, ist in seinen Augen per se männlich) darüber sprachen, standen wir zwischen lauter Minivans in der Schlange von Eltern, die ihre Kinder von der Schule abholten. Ich quengelte, und Ebbi fragte verächtlich: »Ist das dein Ernst?«

»Mein voller!«

»Aber warum? Unser Wagen bietet so viele Vorteile.«

»Überhaupt nicht. Es ist ein Alte-Leute-Wagen.«

»Unsinn!«

»Doch! Meine Mutter will sich jetzt auch einen zulegen. Meine Mutter! Schau dich doch um! Siehst du irgendeinen unter sechzig, der so einen Wagen fährt?«

»Nein, aber das liegt bloß daran, dass der Mensch ein Herdentier ist.«

»Nein, es liegt daran, dass Minivans einfach praktisch sind.«

»Hör auf! Die sind doch so was von …«

»Was?«

»Na ja …«

Plötzlich wurde mir klar, dass es einfach nur das Imageproblem war, das ihn an Minivans störte, und ich sagte es ihm auf den Kopf zu.

»Na und?«, fragte er wie ertappt.

»Du bist nicht besser als die Nachbarn!«

»Und wenn doch?«

»Bist du nicht!«

»Okay, vielleicht nicht, aber … ein Minivan! Ich bitte dich!«

»Was ist denn dagegen einzuwenden?«

»Wo soll ich anfangen? Erstens hasse ich es, alle möglichen Nachbarskinder zur Schule zu fahren. Bei einem kleinen Auto fällt das flach. Zweitens die Benzinkosten. Dann können wir uns ja gleich einen Schulbus zulegen. Nein, unser kleiner Flitzer ist genau richtig.«

»›Klein‹ stimmt, ›Flitzer‹ hingegen …«

»Okay, okay! Ich will einfach nicht wie jemand rüberkommen, der sich aufgegeben hat.«

Mir blieb kurz die Spucke weg, bevor ich sagen konnte: »Mann, was bist du für ein Arsch!«

Ebbi sah mich an. »Ja, leider. Aber wenn du unbedingt willst, kaufe ich dir einen.«

Er mag ein Arsch sein, aber er ist *meiner*.

DIE KUNSTFERTIGKEIT EINES FÜNFJÄHRIGEN

Früher waren meine Eltern stets zur Stelle, wenn ich Hilfe bei den Hausaufgaben brauchte. Mein Vater erklärte mir Matheaufgaben und übte Rechtschreibung mit mir. Wenn ich ein Referat halten musste, ging meine Mutter mit mir in die Bücherei und erklärte mir den Bibliothekskatalog und wo ich was finden konnte. Obwohl sie mir also viel halfen, haben meine Eltern meine Hausaufgaben niemals *selbst* gemacht. So wenig meine Mom in der zweiten Klasse meinen eher missratenen Schaukasten zu Thanksgiving perfektionierte, so wenig übernahm mein Vater in der elften mein Essay über *Hamlet*.

Seit ich selbst Kinder habe, beobachte ich jedoch immer öfter, dass Eltern ihren Kindern die Hausaufgaben machen. Ich weiß nicht, was in den höheren Klassen abgeht, aber in der Grundschule ist die Sache völlig außer Kontrolle geraten. Sie brauchen bloß durch die Flure zu gehen und sich die perfekten Bilder, Schaukästen und Pinnwände anzusehen, die als Schülerarbeiten deklariert sind, aber garantiert nicht von Kinderhand stammen.

In der Vorschule wurde Gomer eines Tages mit einer Pappfigur nach Hause geschickt, die er mit allerlei Zeug und Kram (außer Nudeln, weil die Ungeziefer anziehen) in sein Ebenbild verwandeln sollte. Er durfte sich Zeit nehmen und seiner Fantasie freien Lauf lassen, um die Figur sich selbst möglichst ähnlich zu machen. Ich setzte mich mit Gomer zusammen und fragte ihn, was er mit seinem Pappmännchen anstellen wollte. Damals waren Piraten sein Ein und Alles, folglich wollte er einen kleinen Piraten. Eine super Idee, fand ich, legte Buntstifte, Eddings, Kleber, Wollreste, Geschenkband, Schere und anderes Bastelmaterial auf den Küchentisch und sagte, er solle loslegen, während ich das Abendessen zubereitete. Ab und zu sah ich nach, wie er vorankam, und manchmal bat er um Hilfe, wenn ich beispielsweise einen Wollfaden durchschneiden sollte, der ihm immer wieder durch die Schere flutschte, oder den Klebeblubb entfernen sollte, der sich oben an der Tube bildete.

Nach einer halben Stunde waren Küchentisch und Fußboden ein Schlachtfeld, und Gomer hatte einen – in mehrfacher Hinsicht – furchterregenden Piraten fertig, dem Wollhaar üppig aus dem heilen Auge quoll. Da er viel zu viel Klebe benutzt hatte, war der Pirat vor Nässe ganz wellig. Trotzdem führte Gomer ihn mir stolz vor. Hatte ich mich vorher dazu beglückwünscht, dass ich die Selbstständigkeit meines Sohns förderte und die Finger von seiner Bastelei ließ, so bereute ich diese pädagogisch wertvolle Einstellung nun.

»Ist noch Kleber übrig?«, fragte ich.

»Nicht viel. Ich wollte, dass alles schön fest sitzt«, sagte er.

Die Sets auf dem Tisch schienen jetzt auch »schön fest« zu sitzen. Aber ich ignorierte den Kollateralschaden und konzentrierte mich auf den Piraten. »Du hast ihm ja sogar etwas angezogen«, sagte ich.

Aus Buntpapier und Geschenkband war ein Outfit geworden, das den Piraten wie den Überlebenden eines Schiffsuntergangs aussehen ließ.

»Ja, und eine Augenklappe hat er auch«, sagte Gomer stolz und zeigte auf einen Flicken, der windschief auf einem Auge des Piraten klebte.

Dafür dass Gomer erst fünf war und noch keine scharfe Schere benutzen durfte, war der Pirat recht gelungen. Dann sah ich, dass Gomer die stumpfe Schere wohl etwas zu enthusiastisch eingesetzt und dem Piraten aus Versehen ein Bein abgeschnitten hatte. Das fehlende Stück hatte er durch einen Lollystiel ersetzt.

»Du hast ihm ja ein Bein abgeschnitten!«, sagte ich erschrocken.

»Natürlich. Das ist Gomer, der Pirat. *Arrrgh!* Ohne Holzbein ist es doch kein richtiger Pirat.«

»Das stimmt. Aber ich dachte, der Pirat Gomer würde dem echten Gomer ähnlicher sehen. Schließlich hat der echte Gomer kein Holzbein.«

»Ich wollte aber einen richtigen Piraten machen. Unsere Lehrerin hat gesagt, wir können machen, was wir wollen. Deswegen habe ich ihm auch Tattoos gemacht.« Gomer zeigte auf die winzigen Tattoos aus Totenschädel und gekreuzten Knochen, die den ganzen Pappkörper bedeckten.

Ich wurde nervös. Heutzutage sind die Medien ja voll von Horrorgeschichten über Kinder, die vom Unterricht suspendiert werden, weil sie ihre Pausenbrote so zurechtknabbern, dass sie wie Waffen aussehen. Was würde die Vorschullehrerin wohl von Gomers Piratentattoos, dem Holzbein und dem Schwert aus Alufolie halten?

Ich sah auf die Uhr. Wir hätten längst zu Abend essen sollen, und ich musste noch den Basteldreck wegräumen, bevor wir uns überhaupt an den Tisch setzen konnten. Wenn ich mich nicht beeilte, wäre das ganze Abendritual zum Teufel, das gesittetes und rechtzeitiges Zubettgehen garantierte, und wenn das passierte, war ich diejenige, die die Nerven verlor und alles nur noch schlimmer machte. Außerdem gab es an diesem Abend etwas im Fernsehen, das ich unbedingt sehen wollte. Also hatte ich keine Zeit, um Gomers Piraten umzugestalten. Sollte die Schule in Gomers Kreation Gewaltfantasien entdecken und mich zu einem Gespräch bitten, war immer noch Zeit, sich dem Problem zu widmen.

Am nächsten Tag packte Gomer seinen Piraten vorsichtig in eine Mappe, um ihn heil zur Schule zu bringen. Ich wartete den ganzen Vormittag mit angehaltenem Atem darauf, dass das Telefon klingelte und die Vorschullehrerin sich meldete. »Hi. Spreche ich mit Gomers Mom? Es gibt ein Problem … mit Gomer und seinem Piraten. Können wir reden?« Aber dieser Anruf kam nie. Als Gomer wieder zu Hause war, sagte er, seine Lehrerin habe die Pappfiguren alle gaaanz toll gefunden.

Einige Wochen später gingen Ebbi und ich zum Elternabend. Als wir (ein wenig vor der Zeit) ankamen, war die Lehrerin gerade mit einem anderen Elternpaar im Gespräch. Also schlenderten wir ein wenig im Flur auf und ab und betrachteten die Kunstwerke der Kinder an den Wänden. Bis wir eine Pinnwand voller Pappfiguren erreichten.

Ebbi erkannte gleich, was es war, und wir machten uns daran, Gomers Piraten zu suchen. Die Pappfiguren waren perfekt, eine wie die andere.

Nach einer Weile sagte ich: »Das kann nicht die Pinnwand der Vorschulklasse sein.«

»Warum nicht?«, fragte Ebbi.

»Was da hängt, stammt doch eindeutig von älteren Kindern.«

Ebbi war sich da nicht so sicher und zeigte auf die obere Ecke der Pinnwand. »Ist das da nicht Gomers Pirat?«

Tatsächlich. Da hing er in seiner ganzen welligen Pracht, direkt unter der schön bunten Überschrift UNSERE VORSCHULKINDER ALS PAPPFIGUREN. Dieser Hinweis war nötig, denn mal abgesehen von Gomers Pirat wäre man wirklich nicht auf die Idee gekommen, es könnte sich um Arbeiten von Vorschulkindern handeln.

Ich sah mir die Figuren näher an und dachte: *Wer verarscht hier eigentlich wen?*

Gomers Pirat war die einzig altersgerechte Figur. Die daneben trug eine Miniaturausgabe des Sportdresses der Universität von Kansas, maschinegenäht, aus hochwertigem Stoff. Eine andere, eine Ballerina, trug ein Tülltutu über einem paillettenbesetzten Body, ihr Haar war sorgfältig aus Wollfäden geflochten. Es gab auch einen Arzt im weißen Kittel, mit winzigem Namensschild am Revers und einer perfekten Drahtbrille. Bei einer Figur hatte jemand ein kreisrund ausgeschnittenes und laminiertes Kindergesicht auf den Pappkopf geklebt, darauf saß ein Cowboyhut, und untenrum trug die Figur eine wildledern gefranste Reithose mit einem winzigen Pistolenhalfter inklusive Pistole. (So viel zu Gomers Gewaltfantasien. Das zerknitterte Alufolienschwert seines Piraten war nicht mal als solches zu identifizieren). Sämtliche Figuren hatten lebensechte Gesichter. Einen Strich als Mund und keine Nase hatte nur Gomers. Außer seiner besaßen auch alle zwei Beine.

Ich merkte, dass mein Blutdruck stieg. Diese Bastelarbeiten stammten nie und nimmer von Fünfjährigen!

Ich war hin- und hergerissen. Einerseits wollte ich nicht, dass die Basteleien meines Sohns gegen die seiner Klassenkameraden abfielen, andererseits wollte ich ihm seine Aufgaben nicht aus der Hand nehmen. Wie sollte er denn lernen, wenn er nichts selbst machte?

Warum taten Eltern so etwas? War es pure Faulheit? Sagten sich die anderen Eltern: *Für diese Bastelei braucht mein Kind mindestens eine Stunde, und ich habe keine Zeit, so lange aufzupassen. Wenn ich es selbst mache, bin ich in einer Viertelstunde fertig.* Oder steckte der übertriebene Perfektionismus ehrgeiziger Mütter dahinter? Frauen, die keine krumme Knopfleiste ertrugen?

Ich jedenfalls würde da nicht mitmachen. Mein Bedarf an Hausaufgaben ist seit meinem Highschool-Abschluss für den Rest meines Lebens gedeckt. Und was, wenn man mehr als ein

Kind hatte? Dann wäre man ja andauernd am Hausaufgabenmachen und käme nicht mal mehr dazu, seine Lieblingsserie im Fernsehen zu verfolgen!

Vielleicht bin ich nicht ganz richtig im Kopf, aber ich mag die Sachen, die meine Kinder fabrizieren. Und ich glaube, dass sie dabei etwas lernen. Natürlich war es frustrierend, wie ungeschickt Gomer mit der Schere umging oder niedliche Figuren mit Tattoos verunstaltete, aber es waren seine Basteleien, und sie sollten so werden, wie er es wollte.

An dieser Überzeugung hielt ich fest, bis Gomer in die dritte Klasse kam. Ungefähr eine Stunde vorm Zubettgehen kam er eines Abends ganz aufgelöst zu mir und stammelte: »Ich hab was vergessen.«

»Du hast ja noch fast eine Stunde Zeit«, sagte ich. »Was ist es denn?«

»Ich muss morgen eine Hausarbeit abgeben.«

»Was denn für eine?«

»Ein Dings ... so was wie ein Projekt ... unsere erste richtige Hausarbeit.«

»Was soll das heißen? Und warum erfahre ich erst jetzt davon?«

»Weil ich morgen abgeben muss.«

»*Was denn* abgeben? Und seit wann weißt du das?«

»Seit Freitag.« Es war Dienstag.

»Dann hättest du ein ganzes Wochenende lang Zeit gehabt, dich darum zu kümmern.«

»Ich dachte nicht, dass es so viel Arbeit ist. Außerdem musste ich Fußball spielen.« Schon klar. Die zwei Stunden hatten natürlich die komplette Arbeitszeit des Wochenendes gefressen.

»Wenn ihr so lange Zeit für diese Aufgabe hattet, kann das nur bedeuten, dass sie viel Zeit braucht. Du hättest also beizeiten damit anfangen sollen.«

Gomer schien den Tränen nahe. »Ich muss dir noch was sagen.«

Ich seufzte. »Was denn?«

»Ich habe das Buch in der Schule vergessen, das ich für diese Aufgabe brauche.«

Ich wollte ihn gerade anschreien, als ich mich plötzlich daran erinnerte, wie meine Mutter mich einmal angeschrien hatte, als ich in Gomers Alter war und – genau wie er – eine größere Hausarbeit vergessen hatte. Shit! Warum hatte Gomer ausgerechnet die Fähigkeit, wichtige Dinge aus den Augen zu verlieren, von mir geerbt?

Ihn anschreien, würde die Sache jedoch nicht besser machen, das wusste ich aus eigener Erfahrung. Ich wollte ihn auch nicht reinrasseln lassen. Wenn er seine Aufgabe aus genetischen Gründen vergessen hatte, war ich sozusagen mit dafür verantwortlich. Also war ich moralisch verpflichtet, ihm zu helfen.

Es handelte sich um die erste etwas komplexere Aufgabe, die den Drittklässlern je gestellt worden war, und er hatte keinen Schimmer, wo anfangen. Zusammen gingen wir die Anweisungen durch. Er sollte Informationen über drei Großstädte sammeln und seinen Eltern dann einen Brief darüber schreiben, was er bei einem fiktiven Besuch in diesen drei Städten erlebt hatte.

Da er sein Buch in der Schule vergessen hatte, mussten wir das Internet zu Rate ziehen (zum Glück musste ich nicht zur Bücherei fahren, mich vorher umziehen und dann mit dem blöden Bibliothekskatalog kämpfen). Trotz Google und schneller Netzverbindung brauchte Gomer ewig für seine Faktensammlung.

»Mom, was findest du interessanter: dass acht Millionen Ratten in New York leben oder dass es einmal die Hauptstadt der USA war?«

Ich hätte am liebsten gebrüllt: »Hör auf, deine Zeit mit Tausenden von Rattenfotos zu verschwenden!«, verzichtete aber darauf. Nachdem er noch allerlei über die Ratten nachgelesen hatte, entschied er sich für die Sache mit der Hauptstadt.

Irgendwann hatte er seine Informationen beisammen, und es ging ans Briefschreiben. Dieser Brief sollte entweder in Schönschrift mit Tinte geschrieben oder getippt und ausgedruckt werden, in jedem Fall fehlerfrei. Gomer hatte noch nie Texte am Computer verfasst, aber gerade das faszinierte ihn. Ich schlug ihm vor, den Brief – zumindest stichwortartig – erst zu Papier zu bringen, um seine Gedanken zu ordnen, und ihn danach zu tippen.

Als er seine Notizen fertig hatte und sich an den Computer setzte, schaute ich auf die Uhr. Viertel vor Bettzeit. Erinnern Sie sich an das, was ich über verstolperte Abendrituale sagte? Außerdem wartete gerade an diesem Abend die neueste Folge meiner Lieblingsserie auf mich, und ich wurde entsprechend nervös.

»Kannst du eigentlich tippen?«, fragte ich.

»Klar. Das lernen wir in der Schule. Ich schaffe schon fünfundzwanzig Wörter die Minute.«

Ich erwog die Alternativen. Wenn er seinen Brief nicht tippte, musste er ihn per Hand schreiben, schön und mit Füller. Was schon mal ein Problem war. Und da es spät war, würde er Fehler machen und immer wieder von vorn anfangen müssen. Am Computer hingegen ließen sich Fehler spurlos korrigieren. Also sprach alles für diese Variante.

Als Schnellschreiber neben jemandem zu sitzen, der jeden einzelnen Buchstaben auf der Tastatur mühsam suchen muss, bringt einen zur Weißglut. Ich musste mich also schwer beherrschen, um ihm den Laptop nicht wegzureißen und den blöden Brief in drei Minuten selber in die Tasten zu hacken.

Schließlich hielt ich es nicht mehr aus und musste aus dem Zimmer gehen.

»Sag Bescheid, wenn du fertig bist. Dann lese ich alles noch mal Korrektur«, sagte ich, so ruhig ich konnte.

Eineinhalb Stunden später kam er tränenüberströmt zu mir und wimmerte: »Ich habe erst eine halbe Seite!«

»Das macht doch nichts«, sagte ich.

»Doch! Der Brief muss eine ganze Seite lang sein!«

»Gut, dann gehen wir da noch mal drüber und ergänzen ihn hier und da.«

»Aber womit denn?«

Eine gute Stunde nach Bettzeit konnte ich mich nicht neben ihn setzen und geduldig seine Buchstabensuche beobachten. »Du diktierst, ich tippe.«

Zuerst machte ich den schon vorhandenen Text sperriger. Da es keine Anweisungen zur Formatierung gab, beschloss ich, dass die Lehrerin große Zeilenabstände erwartete.

»Schau mal! Ist schon mehr geworden!«, sagte ich. »Jetzt kommen noch ein paar Infos dazu. Was weißt du denn noch über Washington D.C.?«

Er dachte kurz nach und sagte dann etwas, das ich schon wieder vergessen habe, weil es ja nicht meine Arbeit war.

So machten wir weiter, und eine Viertelstunde später hatte der Brief die geforderte Länge.

Als Gomer ihn am nächsten Morgen sorgfältig in seine Mappe steckte, sagte er: »Meine Lehrerin wird begeistert sein.«

»Bestimmt«, sagte ich und zog Adolpha den Anorak an.

»Zum Glück habe ich eine Mom, die schreiben kann.«

Adolpha zog ihren Arm weg und sah mich empört an. »Du hast Gomers Hausaufgaben gemacht?!«

»Nein!« Ich sah Gomer streng an. »Den Brief hast du ganz allein geschrieben!«

»Stimmt doch gar nicht! Nur ungefähr die Hälfte.«

»Ach was! Du hast mir den Rest doch diktiert. Ich habe bloß getippt.«

»Mom, wir dürfen nicht lügen. Ich muss meiner Lehrerin sagen, dass der halbe Brief von dir ist.«

»Nein, Gomer! Auf keinen Fall!«

Adolpha bekam einen Wutanfall. »*Meine* Hausaufgaben machst du nie!«

Herrje, diese Gören! »Hör auf, Adolpha! Gomer hat seine Hausaufgabe selbst gemacht. Und du, Gomer, musst begreifen, dass ›schreiben‹ nicht ›tippen‹ bedeutet. *Du* hast die Informationen zusammengetragen und sie in eineinhalb Stunden zu einem Brief verarbeitet. Erst bei der Überarbeitung – und jeder Autor braucht jemanden dafür, auch ein professioneller – habe ich mitgemacht und Lücken gefunden, die *du* dann gefüllt hast. Ich habe bloß das Tippen übernommen, weil du mir zu langsam warst. Du kannst eine ganze Menge, aber Tippen gehört noch nicht dazu. Ich weiß nicht, wer dir gesagt hast, du schaffst schon fünfundzwanzig Wörter pro Minute, aber wer immer es war, lügt!«

»Ich weiß gar nicht, warum du dich so aufregst«, sagte Gomer. »Meine Lehrerin liest deine Sachen gern. Bestimmt findet sie deinen Brief ganz toll.« Damit ging er zur Tür.

Verdammt! Er würde mich vor der Lehrerin in die Pfanne hauen, und zwar zu Unrecht! Das Schlimmste war, dass Gomers Brief, den angeblich *ich* geschrieben hatte, nicht mal lesenswert war. Ein Brief von mir wäre viel besser geworden. Allein schon weil ich die Ratten in den Vordergrund gestellt hätte. Acht Millionen in New York? Wie viele waren es in Washington D.C.? Darüber zu schreiben wäre ein Selbstgänger. Etwa so: »Für New York mögen Ratten ein Problem sein, aber für unsere Hauptstadt sind sie eine Geißel. Manche haben vier Beine, aber die schlimmsten nur zwei.«

Mit anderen Worten: Weder Gomer noch ich können es

uns leisten, dass ich seine Hausaufgaben mache. Und Adolpha schafft es nicht aufs College, wenn ich bei ihr damit anfange. Bis zur vierten Klasse werde ich hier und da mal helfen, danach kann ich in den meisten Fächern nicht mehr mithalten, und meine Kinder müssen sehen, wie sie klarkommen.

NIE WIEDER IM PYJAMA ZUR SCHULE!

Ich mache oft meine Witze über Ebbi, aber in Wahrheit ist er der beste Mann, den ich kriegen konnte. Er kümmert sich um vieles für die Familie, was ich verabscheue. Abgesehen davon, dass er mich erträgt, fährt er die Kinder morgens zur Schule und holt sie nachmittags wieder ab. Das gibt mir gute zwanzig Minuten, in denen ich meine Ruhe und das Haus ganz für mich allein habe. Da wir beide – jeder für sich – von zu Hause aus arbeiten, bin ich sonst nie ungestört. Umso mehr genieße ich diese zwanzig Minuten.

Ebbi versucht immer, seine Termine so zu legen, dass er für diese Fahrten Zeit hat. Wenn das einmal nicht möglich ist, muss ich ran. Und dann passiert jedes Mal ein Unglück.

Als Gomer in die Vorschule ging, war er nachmittags einmal mit seinem Freund Braxton zum Spielen verabredet, der nur ein Stück die Straße runter wohnte. Braxton fuhr immer mit dem Schulbus, Gomer nicht. Ich mag den Schulbus nicht, schon wegen der fehlenden Sicherheitsgurte. Ich finde, im Straßenverkehr gehören Kinder mit Dreipunktgurten angeschnallt. Also sagte ich Braxtons Mutter, ich würde Gomer vorbeibringen. (Ich weiß: Das hätte man einfacher haben können, indem beide Kinder mit dem Schulbus fuhren oder ich beide mit meinem Wagen abholte. Aber 1. siehe oben, und 2. hatte ich ja keinen Minivan, in den Dutzende von Kindern passten.)

Adolpha war an diesem Tag krank und deshalb zu Hause geblieben. Sie hatte ein bisschen Fieber und hing schon den ganzen Tag an mir wie eine Klette. Ihr Daddy war unterwegs, also war ich für ihr gesamtes Kuschelbedürfnis zuständig. Den größten Teil des Tages hatten wir in meinem Bett verbracht und uns Mädchenvideos mit jeder Menge Ponys und Prinzesschen angesehen.

Da ich es nicht gewohnt bin, die Kinder abzuholen, hatte ich die Uhrzeit nicht im Blick. Als mir plötzlich einfiel, dass ich Gomer zu Braxton bringen sollte, war es exakt zwei Minuten vor Schulschluss. Ich schrie auf, sprang aus dem Bett, putzte mir die Zähne (nein, das hatte ich den ganzen Tag noch nicht getan) und stülpte mir eine Mütze auf den Kopf. Dann schnappte ich mir Adolpha, und schon saßen wir im Wagen.

Im Pyjama. Alle beide.

Es wäre mir gar nicht aufgefallen, hätte Adolpha nicht geplärrt: »Wir können doch nicht im Pyjama fahren, Mami!«

»Ach, das geht schon. Wir brauchen nicht auszusteigen. Wir fahren einfach vor wie die anderen Eltern, und dein Bruder springt schnell in den Wagen.«

»Wie peinlich ist *das* denn?!«, jammerte sie.

Mit Peinlichkeiten kannte sie sich aus. Seit ihrer frühesten Kindheit war ich ihr peinlich. Später in der Schule wird sie wahrscheinlich behaupten, sie sei adoptiert.

Ich sah auf die Uhr. Gomer hatte seit drei Minuten Schulschluss und wartete am Straßenrand auf mich. Wir hatten also keine Zeit für Adolphas Extravaganzen. Ich schnallte sie an und sagte die hoffnungsvollen Worte: »Kein Mensch wird uns sehen.«

Hätte ich bloß auf meine kluge Tochter gehört!

Vor der Schule angekommen reihte ich mich in die Schlange der Elternfahrzeuge ein. Inzwischen war die so lang, dass sie praktisch kurz hinter unserem Haus begann. Leise verfluchte ich a) das Schulamt, weil der Schulbus so teuer war, dass viele Eltern ihn sich nicht leisten konnten, und b) die Stadtverwaltung, weil sie keine vernünftigen Bürgersteige baut, auf denen die Kinder sicher zu Fuß zur Schule gehen können.

Zentimeter um Zentimeter bewegten wir uns auf die Schule zu. Als wir ankamen, waren logischerweise nur noch wenige Kinder übrig. Gomer war nicht darunter. Die Lehrerin, die das Abholen überwachte, sah, wie ratlos ich mich umschaute, kam ans Autofenster und fragte, was los sei. Ich fragte zurück, ob sie wisse, wo Gomer steckte.

»Gomer …«, überlegte sie laut.

»Aus Mrs Carlsons Klasse«, sagte ich.

»Ja, ja, ich weiß. Ich überlege gerade, wann ich ihn zuletzt gesehen habe. Wenn ich mich nicht irre, ist er noch gar nicht aus dem Gebäude gekommen. Warten Sie mal!« Sie lief in die Schule und holte den Schulleiter. *Super*, dachte ich und griff nach einer Kinderjacke auf dem Rücksitz, um meinen Pyjama damit wenigstens etwas zu bedecken.

Der Schulleiter kam ans Auto und sagte: »Ich habe keine Ahnung, wo Gomer steckt.«

Langsam wurde ich nervös. Wo, zum Teufel, war mein Kind? Warum gerieten nicht alle in Panik? Gingen hier etwa öfter Kinder verloren? Dann fiel mir die Verabredung mit Braxton ein, und ich fragte: »Ist der Schulbus schon weg?«

»Ja, warum?«, fragte der Schulleiter.

»Vielleicht ist Gomer mitgefahren, weil er mit Braxton verabredet ist. Sicher bin ich mir aber nicht. Ich fahre lieber mal zu Braxtons Haltestelle.« Ich war froh, etwas tun zu können, das überdies auch noch vernünftig zu sein schien. Mir fiel nämlich ein, dass Gomer beim Frühstück ganz aufgeregt erzählt hatte, wie sehr er sich auf die Fahrt mit dem Schulbus freute. Ich hatte ihm zwar gesagt, dass ich ihn abholen würde, aber wahrscheinlich hatte er sich heimlich zu den Fahrschülern gestellt, als die Aufsicht führende Lehrerin gerade nicht hinsah. Ich wollte schon Gas geben, da hielt mich der Schulleiter zurück.

»Kommen Sie doch bitte mit in mein Büro. Ich möchte die Busgesellschaft anrufen und mich davon überzeugen, dass Gomer im Bus sitzt. Stellen Sie den Wagen dort drüben ab und folgen Sie mir bitte.«

Neiiiiin! Der Mann hatte ja keine Ahnung, wie ich aussah!

Es gibt Pyjamas, die als Hausanzüge oder Yoga-Outfits durchgehen, aber was ich an diesem Tag trug, war ein Mädchentraum in Flanell, pink und mit schwarzen Häschen bedruckt. Kein Mensch würde dieses Kleidungsstück für etwas anderes halten, als es war.

Ich schaute mich um. Wir erregten schon Aufmerksamkeit. Die anderen Mütter trugen Skinny Jeans, Stiefeletten, die voluminösen Pullover, die gerade in waren, und Dolce&Gabbana-Sonnenbrillen. Mit glossigen Lippen raunten sie einander zu: *Gomer ist verschwunden! Warum will seine Mutter nicht aussteigen und mit dem Schulleiter nach ihm suchen? Hat sie irgendein Problem?*

Ich wollte bloß weg. Nicht nur der Schulleiter, auch die Dolce-Mütter sollten mich nicht im Pyjama sehen, obwohl ich keinen Ruf als Stilikone zu verlieren hatte. Meist erschien ich in verbeulten Cargohosen und bekleckerten T-Shirts vor der Schule. Zwar besitze ich ein paar flotte Mützen, aber die kann ich eigentlich nicht mehr tragen, weil ich mir die Haare immer kürzer schneiden lasse und mit Mütze inzwischen kahlköpfig wirke. Mich in hautenge Jeans zu zwängen und auf hochhackigen Stiefeletten durch die Gegend zu stolzieren wäre mir nie in den Sinn gekommen, aber eine dieser riesigen Dolce&Gabbana-Sonnenbrillen hätte mir in diesem Moment gut gefallen, weil ich in der Nacht zuvor schlecht und wenig geschlafen hatte und dunkle Ringe unter den Augen hatte. Auch wenn ich in meinem üblichen Outfit keine Augenweide war, so erregte ich damit zumindest keinen Anstoß. Aber wenn ich jetzt in meinem Häschenpyjama ausstieg, wäre ich gesellschaftlich für alle Zeiten untendurch.

»Rufen Sie die Busgesellschaft an, während ich zu Braxtons Haltestelle fahre«, antwortete ich. »Falls Gomer nicht im Bus ist, können Sie mich auf meinem Handy anrufen.«

Ein Blick auf die Uhr ließ mich hoffen: Wenn ich mich beeilte, konnte ich noch schnell zu Hause vorbeifahren und mich umziehen, denn an Braxtons Haltestelle müsste ich wahrscheinlich aussteigen und mit Braxtons Mom sprechen, die wie immer wie aus dem Ei gepellt aussehen würde.

Ich ließ den Motor an, aber der Schulleiter hatte Bedenken. »Mir ist nicht wohl dabei, Jen. Kommen Sie doch bitte mit rein und lassen uns die Busgesellschaft zusammen anrufen.«

Schweißperlen bildeten sich auf meiner Oberlippe, während ich zu den Dolce-Moms hinübersah, die ihrerseits zu mir herübersahen. Gleich würden sie mich dabei erwischen, wie ich am helllichten Tag in meinem Häschenpyjama herumlief!

Dann kam mir die rettende Idee. »Ich habe meine kranke Tochter bei mir und kann sie nicht allein im Wagen lassen«, sagte ich.

»Kein Problem. Ich steige ein und bleibe bei ihr«, sagte eine Dolce-Mom, die mir erst letzte Woche eine Tür vor der Nase zugeschlagen hatte. Woher die plötzliche Hilfsbereitschaft? Wahrscheinlich hoffte sie, Gomer sei entführt worden und sie bekäme Informationen aus erster Hand, die sie zur Königin des Elterntratsches machen würden.

»Oh … ähm … danke«, stammelte ich. *Shit!* Ich zupfte die Kinderjacke zurecht, die ich mir übergeworfen hatte, und wünschte, es wäre ein bodenlanger Poncho. Widerstrebend wollte ich aussteigen, da kam die Schulsekretärin aus dem Gebäude gelaufen und rief: »Gomer sitzt im Schulbus!«

»Gott sei Dank!«, sagte eine Dolce-Mom. Wischte sie sich

wirklich eine Träne aus dem Augenwinkel? Nicht zu fassen! So dramatisch war das Ganze doch nun wirklich nicht!

»Dann fahre ich jetzt«, sagte ich. »Danke für die Hilfe!« Mit quietschenden Reifen und offenem Fenster raste ich los.

Zwei Minuten dauerte die Fahrt zu Braxtons Haltestelle. Lange genug, um wütend auf Gomer zu werden, weil er sich nicht an unsere Abmachung gehalten hatte (und ich vor den anderen Müttern zur Witzfigur geworden war). Aber auch mit mir selbst haderte ich, weil ich in diesem Aufzug das Haus verlassen hatte.

Auf dem Heimweg (»Keine weitere Begegnung im Pyjama!« war das Gebot der Stunde. »Erst umziehen, dann weitersehen!«) kam ich an Braxtons Haltestelle vorbei, wo dessen Mutter schon stand und wartete. Natürlich winkte sie mich heran. »Der Bus ist noch nicht da«, sagte sie. »Aber der Fahrer hat angerufen und gesagt, dass Gomer mitgefahren ist.«

»Ich weiß. Das habe ich schon in der Schule erfahren. Aber danke. Ich muss noch mal kurz zu Hause vorbei. Bin gleich wieder da.«

»Aber der Bus muss jeden Moment kommen. Willst du Gomer nicht ein paar Takte sagen?«

»Allerdings! Ich bin gleich zurück.« Schnell fuhr ich weiter. Ich hätte es nicht ertragen, von noch mehr Menschen in meinen Häschenpyjama gesehen zu werden.

Zu Hause warf ich das Erstbeste über, das mir in die Finger kam. Es war ungewaschen, aber alles war besser als mein voriges Outfit. Dann fuhr ich schnell zurück und erreichte Braxtons Haltestelle sogar noch, bevor der Schulbus kam. Braxtons Mutter war nicht mehr da. *Wo ist sie hin? Wozu habe ich mich umgezogen? Hätte ich doch bloß meinen bequemen Schlafanzug anbehalten!*

Als der Bus kam und Gomer mich sah, brach er in Tränen aus. Inzwischen wusste er, dass er einen Fehler gemacht und alle in Angst und Schrecken versetzt hatte. Ich überlegte noch, ob ich zur Strafe seine Verabredung absagen sollte, da kam Braxtons Mutter gelaufen und verkündete, daraus würde heute sowieso nichts. »Wir haben Läuse«, sagte sie. »Beatrix kam eben mit einer Freundin nach Hause, und ich habe entdeckt, dass sie Läuse hat. Ihre Mutter ist schon unterwegs, um sie abzuholen, aber wahrscheinlich sind wir schon infiziert. Das Risiko wollt ihr doch bestimmt nicht eingehen, oder?«

Bloß keine Läuse! »Nein danke!«, sagte ich und schüttelte mich so heftig, dass Braxtons Mom etwas angefasst war.

»Läuse haben nichts mit mangelnder Hygiene zu tun«, sagte sie pikiert.

»Kein Problem«, sagte ich. »Mit Hygiene hat Gomer es nicht so.«

Braxtons Mom sah mich entsetzt an. Offenbar hatte sie keinen Sinn für Humor – oder einen anderen als ich.

Immerhin bewahrte uns die Läuseplage vor der sozialen Ächtung. Sie hielt die Dolce-Moms so in Atem, dass Gomers Busfahrt und mein Häschenpyjama dagegen kalter Kaffee waren und schnell in Vergessenheit gerieten. Trotzdem kaufte ich mir am nächsten Tag Jogging- und Yogahosen im Wert von 100 Dollar, um von jetzt an bequem zu Hause herumlümmeln zu können und doch einigermaßen präsentabel zu sein, falls ich wieder einmal schnell aus dem Haus musste.

Wenn ich mir jetzt noch angewöhnen könnte, einen BH zu tragen …

EHELICHE INQUISITION

Um es mit den unsterblichen Worten von Monty Python zu sagen: »Niemand erwartet die Spanische Inquisition.« Für Monty Python mag das gestimmt haben – für die meisten verheirateten Frauen stimmt es jedoch nicht. Denn bestimmt bin ich nicht die Einzige, die sich mit der Spanischen Inquisition in Gestalt des Gatten konfrontiert sieht, wenn sie einmal etwas allein unternehmen will. (Bitte sagt, dass es nicht nur mir so geht!)

Seit Gomer in der blauen Gruppe ist, treffe ich mich jeden Dienstagabend mit den anderen Kindergarten-/Vorschulmüttern. Dieser Dienstagtermin sollte Ebbi bekannt sein, 1. weil er im Familienkalender steht, 2. weil ich vor dem Ausgehen dusche, 3. weil ich saubere Sachen anziehe und 4. weil ich jeden Dienstagnachmittag gegen vier zu ihm sage: »Denk dran, dass ich heute Abend weggehe. Heute ist Dienstag. Das heißt: Du bist fürs Abendessen zuständig.«

Worauf ich regelmäßig zur Antwort bekomme: »Wie? Heute? Du gehst aus? Schon wieder? Hast du das nicht erst letzte Woche getan?«

»Richtig«, sage ich dann. »Wie jeden Dienstag. Mit den anderen Kindergartenmüttern.«

»Das scheint ja wohl Spaß zu machen. Was treibt ihr da so?«

Ich weiß nicht, welchen Unterschied es für ihn macht, ob wir bei unseren Treffen Spaß haben oder nicht, aber es scheint ein Problem zu sein. Je mehr Spaß, desto größer das Misstrauen. Deswegen antworte ich meist: »Nichts Besonderes.

Und der Spaß hält sich in Grenzen. Wir wachsen uns die Beine und zupfen die Augenbrauen. Alles ziemlich schmerzhaft.«

»Autsch! Warum gehst du überhaupt hin? Wir könnten es uns doch auf dem Sofa gemütlich machen, fernsehen oder Videos gucken. Ich habe ein paar Thriller rumliegen, die ich mir noch nicht angesehen habe.«

»Super Idee, aber das geht nicht. Heute bin ich für die Organisation zuständig. Deswegen muss ich auch ein bisschen früher los.«

»Na gut. Wann kommst du zurück?«

»Sobald der Schmerz nachlässt und ich mich wieder aufs Fahren konzentrieren kann. Es kann also spät werden.«

Selbst wenn ich ihm die Wahrheit sagte, könnte er nicht verstehen, was an diesen Dienstagtreffen so viel Spaß macht. Insbesondere wenn wir uns Themen wie Töpfchen-Training widmen oder eine Expertin für Schnäppchen-Shopping einladen. Nein, das nehme ich zurück. Das zweite würde den Pfennigfuchser brennend interessieren. Mir persönlich ist egal, womit wir uns an diesen Abenden beschäftigen. Ich würde auch einem Vortrag über Imkerei lauschen, wenn ich bloß aus dem Haus und unter Menschen komme, die nichts von mir wollen.

Dummerweise muss ich diese Inquisition nicht nur dienstags über mich ergehen lassen. Wann immer ich das Haus verlassen will ohne wenigstens ein Kind im Schlepptau, muss ich mich auf eine gründliche Befragung gefasst machen. Wenn ich mich heimlich aus der Tür zu schleichen versuche, ist es noch schlimmer.

»Wo willst du hin?«

»Wann kommst du zurück?«

»Was brauchen wir aus dem Laden?«

»Wie viel Geld wirst du ausgeben?«

»Was mache ich so lange mit den Kindern?«

Diese Fragen prasseln schon auf mich ein, wenn ich bloß

ein paar Lebensmittel einkaufen gehe. Können Sie sich vorstellen, was erst los ist, wenn ich einen Frisörtermin habe?

Da Ebbi und ich beide von zu Hause aus arbeiten, sind wir den ganzen Tag zusammen. Und obwohl ich ihn aufrichtig liebe, gibt es Tage, an denen ich ihn umbringen könnte. Sie brauchen mir jetzt aber nicht die Polizei auf den Hals zu hetzen. Das sind nur Fantasien. Mit körperlicher Arbeit habe ich es nicht so.

Trotzdem nervt es auf die Dauer, nie allein zu sein. Sobald die Kinder vom Kindergarten oder aus der Schule kommen, kann ich nicht mal allein aufs Klo gehen. Irgendjemand hat immer Hunger oder braucht Hilfe beim Schuhezubinden. Deswegen empfinde ich es als Erholung, mutterseelenallein durch die Gänge des Supermarkts zu schlendern und ungestört zu überlegen, welche Frühstücksflocken ich kaufen soll (die Kinder würden natürlich nach denen schreien, die gerade im Fernsehen beworben werden und wahrscheinlich Crack für Kids enthalten). Bestimmt bin ich nicht die Einzige, die solche Gelüste hat. Und vorzugsweise gehe ich einkaufen, wenn ganz normale, ungestresste Menschen den Supermarkt bevölkern, nicht die gehetzten Yuppies, die abends nach zehn noch schnell ein Fertiggericht brauchen. Mit einem Kerl an meiner Seite, der statt der Regale mit Molkereiprodukten zielstrebig die Heimwerkerabteilung ansteuert, wäre es nicht halb so schön.

Jedenfalls beantworte ich Ebbis stereotype Fragen genauso stereotyp:

»Zum Discounter.«

»Weiß nicht.«

»Wir brauchen Milch und Cornflakes.«

»So viel, wie es kostet.«

»Es reicht, wenn du sie am Leben lässt.«

Und dann kommt regelmäßig, was ich schon die ganze Zeit

gefürchtet habe, nämlich: »Ich finde, wir sollten alle zusammen gehen.«

Neiiiiin!

Ebbi findet es toll, mit der ganzen Familie einkaufen zu gehen. Als wäre es ein aufregender, horizonterweiternder Familienausflug. Dabei hat keiner was davon. Außer ihm vielleicht. Er hat uns gern alle beisammen, ist aber stets der Erste, der aus der gemeinsamen Aktion ausschert, weil gerade irgendwelche Gartengeräte oder Autozubehör im Angebot sind, die er sich dringend ansehen muss, obwohl er sich weder um unseren Garten noch um unsere Autos kümmert. Während ich also mit den Kindern bei den Frühstücksflocken stehe und wir eine lautstarke Debatte über das neue Produkt aus der Fernsehwerbung führen (das mit dem Crack für Kids), verschwindet er Richtung »Heim und Garten«, wo er in aller Ruhe herumstöbern und Dinge kaufen will, die er dann nie in die Hand nehmen würde.

Der wahre Grund für diese Gemeinschaftsaktion ist wahrscheinlich, dass er mich zum Sparen anhalten will – zur Not, indem er alles Mögliche aus unserem Einkaufswagen nimmt und in die Regale zurückstellt.

Das ist kein Witz. Ständig kontrolliert er meine Ausgaben, unter anderem verfolgt er die Bewegungen auf unserem Kreditkartenkonto vom heimischen Computer aus. Live. Um die Weihnachtszeit war ich einmal mit meiner Mutter Geschenke einkaufen. Jedes Mal wenn ich etwas mit der Kreditkarte bezahlt hatte, rief er an.

»Was hast du denn für 246 Dollar bei Toys "R" Us gekauft?«

»Geschenke.«

»So viele?«

»Ja.«

»Dann bist du für heute ja wohl durch.«

»Nein.«

»Nicht? Bitte überlege genau, bevor du etwas kaufst, ob wir es auch wirklich brauchen!«

»Hmm.«

Eine Stunde später kaufte ich ihm bei einem Elektrodiscounter ein Spiel für seine XBox. Noch bevor ich den Parkplatz erreichte, rief er mich an.

»Du hast mir gerade ein Spiel für die XBox gekauft?«

»Woher willst du wissen, dass es für dich ist?«

»Ich weiß es einfach. Und ich weiß auch, dass man es billiger bekommen kann. Gib es zurück! Wir kaufen es online.«

»Ist das dein Ernst?«

»Natürlich.«

Es war das letzte Mal, dass ich ihm zu Weihnachten etwas auf eigene Faust kaufte.

Angesichts seiner inquisitorischen und Online-Aktivitäten weiß ich gar nicht, warum ich trotzdem immer wieder versuche, allein aus dem Haus zu kommen. Wenn es ums Einkaufen geht, endet es in letzter Zeit immer damit, dass ich sage: »Jetzt habe ich keine Lust mehr. Geht ihr nur. Ich mache es mir solange daheim gemütlich und genieße die Ruhe, wenn ihr weg seid.« Kurz darauf verlässt Ebbi das Haus. Ohne die Kinder, versteht sich. Ich weiß bis heute nicht, ob das von Anfang an sein Plan war, aber er funktioniert.

WOZU EHEBERATUNG, WENN WIR ADOLPHA HABEN?

Sind meine Kinder die einzigen, die brisante Gespräche vorzugsweise im Auto anfangen, wenn keiner entkommen kann?

Frage ich die Kinder beim Abendessen, wie ihr Tag war, ernte ich nur Schweigen. Beim zu Bett bringen dito. Statt mir von ihren Sorgen und Nöten, Hoffnungen und Träumen zu erzählen, während ich sie zudecke, fällt Gomer höchstens ein, welche Hausaufgabe er vergessen hat, und Adolpha bekommt Phantomschmerzen im Bein. Ansonsten sind beide einfach bloß müde und maulfaul.

Die berühmte kindliche Neugier entfalten sie nur im Auto. So gab der fünfjährige Gomer auf einer Fahrt zum Supermarkt keine Ruhe, bis ich seine Frage, wo eigentlich die Babys herkommen, anatomisch korrekt beantwortet hatte. Und die vierjährige Adolpha fragte auf einer Fahrt zur Bücherei: »Wächst mir später auch ein Bart?« Offenbar hatte sie am Morgen gesehen, wie ich mir unter der Dusche eine Enthaarungscreme unter die Nase geschmiert hatte.

Diese Frage war typisch für Adolpha. Mit Bemerkungen wie dieser sorgt meine Tochter zuverlässig dafür, dass ich auf dem Teppich bleibe. Das hat sie von ihrem Vater geerbt. Einmal hat sie mich mit fürchterlichen Krähenfüßen um die Augen gemalt. Als ich sie fragte, was das soll, sagte sie: »Ich male nur ab, was ich sehe, Mami.« Hoffentlich malt sie mich nie von hinten.

Als sie fünf war, konfrontierte sie mich auf dem Weg zum Bastelladen mit der hässlichen Wahrheit über Ebenezer.

»Mami, wo ist Daddy?«, eröffnete sie das Gespräch.

Es war ein Samstagnachmittag im Frühling und Ebbi mit Kunden auf Häuserbesichtigung. »Bei der Arbeit«, sagte ich.

Adolpha überlegte kurz, dann fragte sie: »Aber wie weißt du, dass er bei der Arbeit ist?«

»Weil er es gesagt hat«, erwiderte ich.

»Okay, aber woher weißt du, dass es stimmt?«, hakte Adolpha nach.

»Was soll diese Frage?«

Offenbar verlor meine Tochter langsam die Geduld mit meiner Begriffsstutzigkeit. »Ich will doch nur wissen, wie du dir *sicher* sein kannst, dass er bei der Arbeit ist.«

»Das habe ich dir doch gesagt! Weil er es gesagt hat«, sagte ich genauso genervt wie sie. Wenn sie mit mir redet, als hätte ich nicht alle Tassen im Schrank: Das kann ich auch.

Adolpha seufzte. »Und wenn er lügt? Vielleicht besucht er seine Freundin.«

Mir blieb die Luft weg. Wo kam *das* denn her? Das Kind war gerade mal *fünf!* »Wie kommst du *darauf?*«, fragte ich.

»Mrs Shaunas Mann hat auch eine Freundin«, sagte Adolpha abgeklärt. Mrs Shauna war unsere Nachbarin. »Deswegen lässt sie sich scheiden.«

Woher, zum Teufel, hatte meine Tochter das? Natürlich wusste die ganze Nachbarschaft Bescheid, die meisten sogar vor Mrs Shauna, aber ich hätte nie gedacht, dass die Kinder etwas davon mitbekommen hatten.

»Hat Mrs Shauna dir das erzählt?«, fragte ich und schwor mir, ihr die Meinung zu sagen.

»Nein. Ich habe gehört, wie Astons Mom es Avas Mom erzählt hat.«

»Du weißt doch, dass du keine langen Ohren machen sollst, wenn Erwachsene sich unterhalten, Adolpha!«, versuchte ich, das Thema zu wechseln.

»Was heißt ›lange Ohren machen‹?«

»Zuhören, wenn andere sich unterhalten.«

»Hab ich doch gar nicht! Auf Astons Geburtstagsparty haben die Moms beim Kuchenverteilen darüber gesprochen. Alle haben es gehört. Und dann hat Rex uns erzählt, dass seine Eltern auch geschieden sind, weil sein Dad früher eine Freundin hatte, aber eine andere als jetzt. Rex sagt, sein Dad ist andauernd mit ihr ausgegangen, wenn er angeblich arbeiten musste. Deswegen will ich wissen, wo Daddy ist. Gehen Erwachsene auch tagsüber aus?«

Ich war schockiert. Nie hätte ich gedacht, dass Kinder in diesem Alter die Seifenopern, die sich vor ihren Augen abspielen, so genau mitbekommen. Nicht mal ich wusste, dass Rex' Vater eine *neue* Freundin hatte. Was ein Typ.

»Lässt du dich auch von Daddy scheiden?«, fragte Adolpha mit größter Selbstverständlichkeit. »Ich meine, wenn er jetzt mit seiner Freundin ausgeht und gar nicht bei der Arbeit ist?«

Wie konnte ich dieses Kind bloß stoppen? »Nein, Adolpha!«, sagte ich mit Nachdruck. »Ich vertraue Daddy. Er hat keine Freundin. Er hat mich.« Aber meine Tochter hatte mir einen Floh ins Ohr gesetzt. Mir wurde ganz übel.

Hatte Ebbi gesagt, mit *wem* er heute Häuser besichtigte? Ich konnte mich nicht daran erinnern. Dann fiel mir ein, dass er es *nicht* gesagt hatte. Er hatte nur gesagt, dass es heute spät würde, weil er mit dem Kunden essen gehen und über Einzelheiten eines Kaufvertrags sprechen wollte. Jetzt, da ich darüber nachdachte, fiel mir auf, dass schon mehrere Restaurantbesuche mit Kunden nicht zu den Verträgen geführt hatten, über die beim Essen gesprochen werden sollte. Stattdessen hatten die Kunden kalte Füße bekommen und beschlossen, sich noch weitere Häuser anzuschauen. Meine Gedanken überschlugen sich. Die Parallelen zwischen Rex' Vater und Ebbi waren unübersehbar. Verdammt! Betrog Ebbi mich?

Plötzlich kam mir der Verdacht, dass Adolpha mehr wusste

als ich. Hatte sie etwas aufgeschnappt oder gesehen, das mir entgangen war? Roter Lippenstift auf Ebbis Hemdkragen statt des Fettflecks meines Lippenbalsams? Ein Hauch Parfum statt meines Senfpflasters? Ein langes blondes Haar statt meines kurzen grauen? Ich musste es wissen.

»Sag mal, Adolpha …«

»Was?«

»Wie kommst du darauf, dass Daddy eine Freundin hat? Hast du irgendwas gesehen?«

»Nö.«

»Hat Daddy mal eine Freundin erwähnt?«

»Nö.« Adolpha sah mich an, als hätte ich den Verstand verloren. *Du kleine Ratte! Wir sprechen doch nur darüber, weil du angefangen hast!*

Ich fand ihre »Nös« nicht überzeugend. Vielleicht hatte sie doch etwas mitbekommen, ohne zu begreifen, was sie da sah. Ich wusste, dass der Mann einer Freundin öfter mit seinen Kindern essen gegangen und dabei einer »Bekannten« über den Weg gelaufen war. Es war immer dieselbe, eine alleinerziehende Mutter, die in derselben Firma arbeitete und »zufällig« zur selben Zeit ins selbe Restaurant ging. Gentleman, der er war, lud er sie natürlich ein. Monatelang trieben sie diese Scharade, bis sein ältester Sohn meiner Freundin eines Tages erzählte, dass er das langsam merkwürdig fand. Meine Freundin begriff sofort, was los war, und warf ihren treulosen Gatten raus. Vielleicht turnte ja auch Ebbi vor den Augen der Kinder mit einer Freundin herum, ohne dass die sich etwas dabei dachten!

Ich musste es anders versuchen. »Hat Daddy dir mal eine Lady vorgestellt, wenn ich nicht da war?«

»Nö.«

»Oder wenn ihr, du und Gomer, allein mit Daddy unterwegs seid?«

»Daddy ist nie allein mit uns unterwegs. Er will doch immer, dass wir alle zusammen sind.«

Das stimmte. Wer wusste besser als ich, dass er mir nie eine Verschnaufpause gönnte und ohne mich mit den Kindern etwas unternahm? Aber das war ein anderes Thema.

»Siehst du!«, sagte ich triumphierend. »Daddy hat keine Freundin.«

»Ich weiß nicht.« Adolpha klang wenig überzeugt. »Ich glaube nicht, dass er arbeiten ist. Ich glaube, er ist bei Marlene.«

Marlene war eine gute Freundin von mir.

»Was?«, schrie ich. »Wie kommst du denn darauf?«

»Weil sie so hübsch ist, sogar hübscher als du. Und wenn Daddy schon eine Freundin hat, ist es bestimmt eine, die hübscher ist als du.«

Danke, Adolpha! Vielen Dank!

Den Rest des Wegs legten wir schweigend zurück, während sich meine Gedanken überschlugen. *Marlene!* Okay, sie sah wirklich besser aus als ich, aber sie war doch gar nicht Ebbis Typ! Was war überhaupt sein Typ? Stand er wirklich auf kleine, vollschlanke, ungekämmte Frauen wie mich?

Ich rief ihn an. Mehrfach. Es meldete sich immer nur die Mailbox. An sich nichts Ungewöhnliches. Wenn wir mit Kunden unterwegs sind, ignorieren wir unsere Handys. Im Notfall schicken wir uns dann eine SMS. Ich war drauf und dran, ihm zu schreiben: *Du treuloser Arsch! Wo bist du, und was machst du mit Marlene?* Aber ich beherrschte mich und beschloss zu warten, bis er von der »Arbeit« heimkam.

Als es ein paar Stunden später so weit war, schnitt ich das Thema beiläufig an.

»Ich hatte ein lustiges Gespräch mit Adolpha.«

»Ach ja?«

»Hmm. Bestimmt findest du es auch lustig.«

»Worüber habt ihr denn gesprochen?«

»Adolpha hält dich für einen Ehebrecher.« Ich beobachtete sein Gesicht wie ein Luchs. »Lustig, was?«

»Zum Totlachen.«

»Sie ist eine wahre Komikerin«, sagte ich. Dann änderte ich die Tonart blitzartig, um ihn zu überrumpeln. »Also, wie sieht's aus? Betrügst du mich?«

»*Was?*«

»Findest du Marlene hübscher als mich?«

»*Wen?*«

»Marlene. Adolpha glaubt, du warst den ganzen Tag mit Marlene zusammen.«

Ebbi lachte. »Ihr habt einen Knall, Adolpha und du.«

»Was mich betrifft, da hast du recht. Aber Adolpha sieht die Welt mit den unbestechlichen Augen eines Kindes. Sie weiß, was los ist.«

»Das ist jetzt nicht dein Ernst, oder?«

»Ich weiß nicht. Adolpha war ziemlich überzeugend. Sie weiß von der Sache mit Rex' Vater und sieht Parallelen zu deinem Verhalten.«

»Komm schon, Jen! Du glaubst doch nicht im Ernst, dass ich dich betrüge! Und dann auch noch mit Marlene!«

»Da hast du recht. Marlene ist nicht deine Liga.«

»Nicht meine Liga? Wenn ich wollte, könnte ich sie sofort flachlegen! Will ich aber nicht. Ich liebe dich, Jen. Weil du mich mit Geschichten wie diesen immer wieder zum Lachen bringst.« Dann lachte er tatsächlich.

Ich lachte mit. Und wollte die letzte Rechnung unseres gemeinsamen Mobilfunkanbieters sehen, um zu erfahren, mit wem er in letzter Zeit telefoniert und gesimst hatte.

»Wieso? Dafür hast du dich doch noch nie interessiert! Die Rechnungen gehen doch an mich, weil du sie nie bezahlst und uns dann der Saft abgedreht wird.«

»Darum geht es jetzt nicht. Ich will deine Verbindungsnachweise sehen.« Ich hatte genug Folgen von *Law & Order* gesehen, um zu wissen, dass man mit Verbindungsnachweisen dem Täter auf die Spur kommt.

»Die Rechnungen sind alle online.« Er machte eine großzügige Handbewegung. »Setz dich an den Computer und schau sie dir an!«

»Du weißt ganz genau, dass ich das nicht kann«, sagte ich weinerlich. Technisch bin ich eine Legasthenikerin. Ich schaffe es gerade mal, meine E-Mails abzurufen, und habe keinen Schimmer, wie ich mich in unseren Handyrechnungsdingsbums einloggen soll.

Ebbi seufzte und gab mir sein Handy. »Dann verfolge meine Verbindungen doch einfach direkt.« Das tat ich, und als ich fertig war, fragte er: »Zufrieden?«

»Ich weiß nicht.« Ich war noch nicht überzeugt. »Du bist mit allen Wassern gewaschen. Wahrscheinlich hast du zwei Handys oder so.«

»Jen!« Er klang jetzt ernst und ein wenig irritiert. »Entweder vertraust du mir – oder nicht. Glaubst du wirklich, dass Adolpha recht hat? Du weißt doch, was für eine blühende Fantasie sie hat! Was wir hier tun, ist doch lächerlich! Wir streiten uns über eine imaginäre Freundin!«

Ich dachte darüber nach. Ebbi war oft außer Haus, »bei der Arbeit«, und hatte durchaus Zeit für Seitensprünge. Andererseits kamen ihn die Kinder und ich schon teuer genug, und er hatte alle Hände voll zu tun mit meinen Kapriolen. Da war keine Luft für eine zweite Frau und ihre Ansprüche.

»Du hast recht«, sagte ich. »Tut mir leid. Adolpha hat mich ganz wuschig gemacht.«

»Na, immerhin ist es gut zu wissen, dass ich dich noch eifersüchtig machen kann. Aber wenn ich so drüber nachdenke, wäre Marlene nicht meine erste Wahl. Wenn es unbedingt eine

Freundin von dir sein müsste, würde ich Allison nehmen. Die finde ich viel attraktiver.«

»Du Arsch!« Natürlich wäre es Allison, mit ihren falschen Brüsten und den Extensions! Nur dass Ebbi bei ihr keine Chance hatte. Ich musste grinsen. Sollte er doch ruhig von Allison träumen! »Komm, wir bringen Adolpha ins Bett und reden mit ihr. Sie soll wissen, dass Allison eher dein Typ ist.«

Wir gingen in Adolphas Zimmer und setzten uns auf ihr Bett.

Ebbi fragte sie: »Warum denkst du, ich hätte eine Freundin?«

Adolpha sah ihn mit ihren großen braunen Augen an. »Weil Mami dich nicht so sehr liebt wie du sie«, sagte sie ernst. »Sie liebt dich nur so.« Sie hielt Daumen und Zeigefinger zwei, drei Zentimeter auseinander.

Ebbi lachte. »Da hast du recht.«

Schockiert sagte ich zu Adolpha: »Das stimmt doch gar nicht! Warum sagst du so was?« Okay, es gab Tage, an denen ich Ebbi weniger liebte als er mich, aber das lag nur daran, dass er manchmal schrecklich nervte. Trotzdem war Adolphas Satz falsch. Unterm Strich liebe ich Ebbi genauso wie er mich. Würde ich sonst seine lächerlichen Regeln zum Sparen von Strom, Geld und Zeit befolgen? (Während ich das hier schreibe, sitze ich beispielsweise am Fenster, weil er nicht will, dass wir tagsüber Licht machen. Und beim Autofahren achte ich darauf, nicht zu oft zu bremsen und dadurch alles Mögliche am Wagen unnötig abzunutzen.)

Adolpha sah mich mit Unschuldsmiene an. »Weil es immer so ist, Mami. Mädchen brechen Jungen das Herz, weil sie sie nicht so sehr lieben wie die Jungen sie. Deswegen ist es okay, dass Daddy dich mehr liebt, aber …« Sie seufzte und wurde ernst. »Du musst aufpassen! Wenn du ihn *zu* wenig lieb hast, schafft er sich eine Freundin an.«

Ich saß da wie vor den Kopf gestoßen, während Ebbi lachte, seine Tochter auf die Stirn küsste und sagte: »Das ist wahr. Gute Nacht, mein kluges Kind.«

Unfassbar! Unsere fünfjährige Tochter erteilte uns eine erstklassige Eheberatung. Sie machte mich praktisch darauf aufmerksam, dass ich ein paar ziemlich hübsche Freundinnen hatte und mich nicht so gehen lassen, sondern um meinen Gatten bemühen sollte, damit er sich nicht nach einer von ihnen umsah.

»Hör mal«, flüsterte ich Ebbi ins Ohr, als wir Adolphas Zimmer verließen. »Wenn sie das Wäschewaschen und Kochen übernimmt und mir zwei Abende pro Woche verschafft, an denen ich ungestört lesen und schreiben kann, hätte ich nichts dagegen, Allison in die Familie aufzunehmen.«

»Vergiss es!«, flüsterte er zurück. »Das können wir uns finanziell nicht leisten. Ich möchte nicht wissen, wie unsere Stromrechnung aussähe, bei ihrer Fönfrisur und den langen Haaren.«

KANN MICH MAL JEMAND EINLADEN, DER MIR NICHTS VERKAUFEN WILL?

Wenn Sie meinen Kalender sähen, würden Sie glauben, ich führte ein sehr aktives Sozialleben und sei enorm beliebt, denn fast jede Woche werde ich zu einer Party eingeladen.

Macht Sie das neidisch? Dafür gibt es keinen Grund, denn es handelt sich nicht um Abende, wo Leute mir Drinks spendieren, etwas Schönes für mich kochen oder zu Spielen einladen. Zu Cocktailpartys und Krimidinners werde ich nie, zu Überraschungspartys und stinknormalen Geburtstagen selten eingeladen. Ich werde meist zu Verkaufspartys eingeladen, bei denen eine Superhausfrau Schrägstrich Unternehmerin überteuerten Scheiß verkauft, den kein Mensch braucht.

Natürlich nehme ich diese Einladungen an, wenn ich es zeitlich einrichten kann. Immer wieder. Und kaufe Pizzamesser, Sporttaschen oder Duftkerzen. Egal. Was gerade im Angebot ist. Nicht weil ich auf die Verkaufsstrategien hereinfalle, sondern selbst eine Superhausfrau Schrägstrich Unternehmerin bin. Statt Lippenstift verkaufe ich Häuser und hoffe stets, den Gästen dieser Verkaufspartys eins andrehen zu können.

Die Gastgeberin ist oft eine Kundin, die ihr neues Haus mit so einer Verkaufsparty einweiht. Deswegen lädt sie mich ein. Sie weiß, dass ich kommen muss, denn sie kennt meine Gewinnspanne und findet, dass ich moralisch verpflichtet bin, ihr einen Pfannenwender abzukaufen – oder fünfzig. Ich sehe die Sache etwas anders. Mit ihren Extrawünschen hat diese Frau mir schlaflose Nächte bereitet, ganz abgesehen von ihrem durch den Hauskauf verursachten Ehekrach, sodass ich in nächtlichen Krisensitzungen kitten musste, was noch zu kitten war. Ganz zu schweigen von ihrer Marotte, alles und jedes bei zwei, drei Gläschen Champagner zu besprechen, sodass ich mein Spesenkonto (2 Dollar pro Kunde) maßlos überzogen habe. Das ist jedoch nur meine Sicht der Dinge. Die Kundin denkt, ich hätte sie bloß zu ein paar Häusern gefahren, die ohnehin in der Gegend herumstanden, und dann einen dicken Scheck dafür kassiert. Wenn ich also Wert darauf lege, dass sie mich ihren Freunden und Bekannten empfiehlt, muss ich bei ihrer Verkaufsparty nicht nur antanzen, sondern auch meine Kreditkarte mitbringen, und zwar die mit dem größeren Kreditrahmen.

Aber ich finde immer etwas Nützliches (wer braucht schließlich nicht noch ein paar Kräutermischungen für Salatsoßen oder Augencremes?). Außerdem sind diese Partys erstklassige Gelegenheiten, mich in den gesellschaftlichen Zirkel meiner Kundinnen zu wanzen. Wäre doch gelacht, wenn nicht jemand darunter wäre, dem ich bis Ende des Jahres ein Haus verkaufen kann – insbesondere wenn ich nach dem Genuss leckerer Salate und mit geglätteten Krähenfüßen schwungvoll wie nie zu Werke gehe.

Inzwischen war ich auf so vielen Partys dieser Art, dass ich Routine habe. Es fängt damit an, dass ich etwas zu früh komme, so bei den letzten Vorbereitungen helfen und mich für Servicejobs anbieten kann. Da ich außer der Gastgeberin kaum jemanden kenne, komme ich gern mit den Fremden in Kontakt, indem ich ihnen Drinks anbiete oder ihre Mäntel entgegennehme (ich kenne das Haus ja und weiß, wo der Wandschrank ist). Außerdem bekomme ich bei rechtzeitigem Erscheinen mit, wie der Abend geplant ist: Schaut man sich bei Drinks und Small Talk die Waren an oder gibt es eine hardcoremäßige Präsentation, die die Gäste animieren soll, selber eine Unternehmerkarriere als Heimverkäufer von Kosmetika zu starten und sofort das Anfängerset für 995 Dollar zu kaufen? Natürlich ziehe ich die ungezwungenen Verkaufspartys vor, wo man sich unterhalten kann und nicht stocksteif dasitzt, um einem Verkaufsprofi zu lauschen, der eine Wundercreme mit Viperngift anpreist. Ist Letzteres absehbar, halte ich mich im Hintergrund und sage der Gastgeberin, dass ich leider nicht bis zum Schluss bleiben kann. Dann füge ich jedoch hinzu: »Aber ich nehme ein Bestellformular mit, denn ich will unbedingt ein paar Döschen von dieser wunderbaren Viperncreme haben.«

Manchmal verfolge ich eine Präsentation aber auch von Anfang bis Ende, und zwar wenn scharfe Sachen im Angebot sind, so wie neulich, als im Haus meiner Freundin Colleen Sexspielzeug verkauft wurde. Da bin ich zwar auch etwas vor dem offiziellen Beginn gekommen, aber nur, um mir, einen Drink in der Hand, einen Platz in der ersten Reihe zu sichern.

Es war das erste Mal, dass ich mit solchen Dingen konfrontiert wurde, und den anderen Frauen ging es nicht anders. Colleen und ich hatten Joyce, die Verkäuferin, einen Monat zuvor kennengelernt, als sie in einem Saal voll mittelalter Frauen einen Vortrag über positive Sexualität hielt. Dass sie nebenberuflich Sexspielzeug verkauft, erwähnte sie bei der Gelegenheit nicht. Stattdessen stand sie in ihrem hochgeschlossenen Businesskostüm da und sprach von der Entfaltung unserer »weiblichen Energien« – was immer das bedeuten sollte. Im Gegensatz zu mir begriff Colleen offenbar, worum es ging, denn nach dem Vortrag wollte sie zu Joyce, um sich zu bedanken. Es dauerte eine Weile, bis wir uns zu ihr vorgekämpft hatten, weil sie von vielen Zuhörerinnen umringt wurde, aber schließlich gelang es uns, ihr die Hand zu schütteln, und wir versprachen, von nun an »achtsam« mit unserer Sexualität umzugehen. Colleen gestand, dass sie nicht so genau wisse, wie sie ihre weiblichen Energien freisetzen solle, und Joyce erwiderte: »Ich hätte da was für Sie.«

Dann erklärte sie, diese Vorträge seien für sie nur ein Hobby, ihr eigentlicher Job sei es, Lust und Liebe zu verkaufen. Sie verkündete, dass Colleen einen richtig guten Vibrator brauche, der allerdings nicht billig sei. Wenn sie jedoch eine Verkaufsparty ausrichte, auf der genügend Gleitcremes und aromatisierte Kondome verkauft würden, bekäme sie als Gastgeberin Prozente. Colleen sagte sofort zu.

Einige Wochen später schleppte Joyce einen riesigen Koffer in Colleens Haus und keuchte: »Hey, sexy Ladys!«

Wir fragten uns, wen sie damit meinte, und schauten uns suchend um.

Joyce war kaum wiederzuerkennen. Als Vertreterin von Sexspielzeug sah sie ganz anders aus als bei ihrem Vortrag über weibliches Selbstbewusstsein. Ihr persönlich mangelt es an eben diesem Selbstbewusstsein jedenfalls nicht, das muss man ihr lassen. Sie ist füllig und hat bemerkenswerte … ich würde eher von Rundungen als von Kurven sprechen. Trotzdem trug sie einen Minirock, der die Körperpartien, um die es an diesem Abend gehen sollte, nur knapp verhüllte. Dazu Netzstrümpfe, die ihre strammen Schenkel fest umspannten. Selten habe ich eine Frau gesehen, der so wenig daran gelegen war, ihrem Atombusen Halt zu geben. Obwohl ihre Folklorebluse großzügig geschnitten war, fand dieser Busen kaum Platz darin. Bei jeder Bewegung schwang er mit, und da Joyce beim Reden lebhaft gestikulierte, war er ständig in Bewegung. Manchmal musste ich wegschauen, weil ich nicht sehen wollte, wie er ihr aus der Bluse ploppte.

Sie hievte ihren Koffer ins Wohnzimmer und wir Frauen sahen kichernd und staunend beim Auspacken zu. Es erinnerte an einen Zauberer auf der Bühne, der die unglaublichsten Dinge aus seinem Zylinder zieht. Nur dass es hier meist Dildos waren, einer größer als der andere, in allen Farben des Regenbogens. Offenbar törnt eine Frau nichts mehr an als ein großer grüner Steifer. Außerdem gab es allerlei »Naschkram«, wie Joyce es ausdrückte: essbare Unterwäsche, Aromakondome und Puder mit Schokogeschmack. Doch statt Erregung bekam ich Magengrimmen. Colleen hatte sich zwar mit den Drinks viel Mühe gegeben, aber es gab kaum etwas zu essen, und ich hatte Hunger.

»Kann's losgehen?«, fragte Joyce in die Runde und versprach den Ladys, ihnen Zugang zu ihrer verschütteten Sexualität zu verschaffen.

Alle johlten und klatschten, und ich schien die Einzige zu sein, die heimlich bloß ans Essen dachte.

»Wer von Ihnen ist bereit, die innere Diva zu befreien?«, rief Joyce und wedelte mit einem Dildo.

»Ich, ich!«, rief Colleen. Ich schob ihren Drink zur Seite, denn ihre innere Diva hatte schon ziemlich einen sitzen.

»Können Sie sich vorstellen, dass ich noch vor einem Jahr ein Mauerblümchen war, das von den Männern übersehen wurde?«, fragte Joyce.

Ich sah ihre unreine Haut und das strohtrockene Haar an und dachte: *Ohne Weiteres.*

»Vor einem Jahr wurde ich zum ersten Mal zu einer Verkaufsparty wie dieser eingeladen, und das hat mein Leben verändert«, sagte Joyce. »Jetzt gehe ich mit Männern aus, die halb so alt sind wie ich. In einer Bar brauche ich meine Drinks nicht mehr selbst zu bezahlen. Die Kerle schlagen sich um mich. Alles dank dieser wunderbaren Produkte.« Sie machte eine ausladende Geste in Richtung der Spielzeuge.

Das Johlen verstummte, stattdessen machte sich Skepsis breit. Wir alle waren Mütter, und die Vorstellung, irgendwelche Collegestudenten könnten sich in Bars um uns schlagen, fanden wir eher abstoßend.

Ich fand als Erste die Sprache wieder. »Das ist ja schön für Sie, Joyce, aber wir sind alle verheiratet«, sagte ich. »Wir hängen nicht so oft in Bars rum.«

»Aber wäre es nicht schön zu wissen, dass sich noch andere Männer für Sie interessieren?« Joyce zwinkerte uns zu. »Wäre es nicht wunderbar, den Ehemann eifersüchtig zu machen mit Drinks, die von einem geheimnisvollen Fremden spendiert werden?«

»Irgendwie verstehe ich das Ganze nicht«, sagte Gloria. »Fremde Männer geben mir Drinks aus, wenn ich mir einen Vibrator zulege?«

»Aber nein! Männer geben Ihnen einen aus, wenn sie spüren, dass Sie eine sexuell emanzipierte Frau sind, die ganz genau weiß, was sie will. Männer spüren Ihre Aura! Ein Vibrator hilft Ihnen, Ihre innere Diva zu aktivieren.«

»Ach so …« Gloria schien immer noch verwirrt.

»Moment mal!«, sagte ich. »Ich pfeife auf meine innere Diva und Drinks von fremden Männern. Bei mir zu Hause staubt ein ganzer Karton voller Sexspielzeuge vor sich hin. Aber ich kann Ihnen sagen, was ich mir wirklich wünsche; vielleicht haben Sie dafür ja was in Ihrem Koffer: Ich brauche ein Gerät, das mir bei der Hausarbeit hilft und meinen Mann befriedigt, damit ich in Ruhe lesen kann.«

»Amen!«, rief Gloria.

»Klingt gut«, sagte Colleen. »So was will ich auch!«

»Was reden Sie denn da?«, rief Joyce alarmiert. »Sie wollten doch Ihre weiblichen Energien freisetzen!«

»Ich glaube, da haben Sie etwas falsch verstanden«, sagte ich zu ihr. »Wir sind alle verheiratet, seit Jahren. Unsere Männer wollen Sex, andauernd. Unser Problem ist nicht, dass wir nicht begehrt würden. Unser Problem ist, dass unsere Männer uns zu sehr begehren. Ich will meinem Mann jedenfalls kein Schokoladenpuder von der Brust lecken, denn das Zeug schmiert die Bettlaken voll, und dann habe ich noch mehr Wäsche. Ich will auch keinen riesigen grünen Dildo, weil es einfach *noch ein* Gerät wäre, das Batterien braucht. Außerdem würde mein Mann Minderwertigkeitskomplexe bekommen, wenn er das Ding sieht, und dann müsste ich ihn wieder aufpäppeln, und dafür habe ich einfach keine Zeit. Ich will auch nichts unternehmen, was das Begehren meines Mannes steigert. Im Gegenteil. Lieber hätte ich etwas, womit er sich beschäftigen kann. Und wenn dieses Etwas nebenbei noch Geschirr spülen kann: umso besser! Haben Sie so was dabei?«

Joyce wusste nicht, was sie von mir und meinen Freundinnen halten sollte. Ich glaube, wir waren der erste Haufen, dem sie keine Grundausstattung für ein heimisches *Fifty Shades of Grey* andrehen konnte. Schnell wurde ihr klar, dass wir keine Riesenpenisse oder SM-Zubehör kaufen würden. Also schwenkte sie auf ein naheliegendes Thema um: die trockene Vagina.

»Natürlich kenne ich persönlich so etwas nicht«, sagte sie. »Trotzdem sind Gleitcremes eine gute Sache. Man kann sich schließlich nicht immer tot stellen. Und wenn es denn schon sein muss, ist es doch besser, wenn es flutscht … und entsprechend schneller geht.«

»Richtig. Das wäre hilfreich«, sagte ich und blätterte in einem Katalog für Gleitmittel. Unfassbar, wie teuer das Zeug ist – teurer als ein Pfannenwender! Vor Schreck stieß ich einen Schrei aus.

Joyce wusste ihn zu deuten und fragte mich: »Habe ich Ihnen eigentlich schon erzählt, dass ich ein Haus suche?«

Ich kaufte das SM-Set für Anfänger, um es Colleen zu schenken, und verkaufte Joyce einen sehr schönen Bungalow.

PYJAMAPARTYS SIND OUT

Wenn nach den Sommerferien die Schule wieder losgeht, verändert sich das Leben ringsherum so sehr, dass man es sogar auf der Straße merkt. In der Schreibwarenabteilung des Kaufhauses läuft man plötzlich lauter Müttern über den Weg, die ratlos vor dutzend verschiedenen Heften und Mappen stehen und die Lehrer verfluchen, die große Klebestifte auf die Materialliste gesetzt haben, wo die kleinen doch gerade im Angebot sind. Diese Mütter haben sich zuletzt bei irgendeinem Schulfest/Eltern-Kind-Picknick/Klassenausflug/Elternabend gesehen und verstopfen nun durch Rudelbildung die Gänge, ignorieren ihre herumtobenden Kinder und halten ein Schwätzchen, um sich gegenseitig auf den neuesten Stand zu bringen.

Ohne mich! Wenn es wieder mal so weit ist, postiere ich mich hinter einem höheren Regal und mache lange Ohren.

Die Gespräche laufen immer nach dem gleichen Muster ab. Etwa so:

Kori: Jillian! Hi! Ich habe dich ja den ganzen Sommer über nicht gesehen! Ihr seid umgezogen, nicht? Wie ist es denn so in der neuen Umgebung?

Jillian: Hi, Kori! Umzuziehen war die beste Entscheidung unseres Lebens. Plagt ihr euch immer noch mit eurem alten Haus herum?

Kori: Ich würde es nicht »herumplagen« nennen. Wir sind dort sehr glücklich.

Jillian: Wirklich? Stört euch denn gar nicht, dass es keinen See in der Nähe gibt?

Tessa: So wenig, wie es euch stört, dass in eurer neuen Gegend kein Baum und kein Strauch wächst, Jillian.

Kori: Tessa! Was machst du denn hier? Ich dachte, eure Nanny macht immer die Einkäufe zum Schuljahrsbeginn.

Tessa: Das stimmt. Aber diese Woche hat sie Urlaub genommen, weil ihre Mutter operiert wird oder so. Ein Albtraum! Keine Ahnung, warum ich sie habe gehen lassen. Das war unüberlegt. Ich war seit Monaten nicht in so einem Laden und hatte schon vergessen, wie schrecklich so was ist.

Diesem einleitenden Austausch von verbalen Ohrfeigen folgen hundsgemeine Komplimente:

Jillian: Sogar wenn du dich in diese Niederungen herablässt, siehst du blendend aus, Tessa. Tust du neuerdings was für deine Fitness?

Tessa: Hot Yoga. Und meine Wimpernextensions sind neu.

Jillian: In dem Schönheitssalon, der letzte Woche die Rabattaktion hatte?

Tessa: An den Wimpern sparen? Das würde ich nie tun! Aber offenbar hast du den Rabatt fürs Fettabsaugen genutzt, der letzte Woche überall beworben wurde.

Kori: Ich weiß ja nicht, ob man diesen Billigbehandlungen trauen kann. Lässt du dich auf so was ein, Jillian?

Jillian: Natürlich nicht. Allerdings habe ich Sebastian neulich einen Coupon für ein Peeling gegeben. Er ist da vollkommen angstfrei.

Tessa: Ein Peeling für Männer? Ich wusste gar nicht, dass die so was machen.

Jillian: Meiner schon. Er lässt sich auch enthaaren, bräunen und botoxen.

Kori: Bist du dir sicher, dass du nur was mit deinen Wimpern gemacht hast? Ich finde, deine Brüste sehen auch besser aus.

Tessa: Pssst! Ich habe sie liften lassen. Das letzte Mal habe ich das ja gleich nach dem College machen lassen, aber die Zeit und die Schwerkraft haben ihnen übel mitgespielt.

Jillian: Ach, jetzt sehe ich's auch. Sieht klasse aus.

Tessa: Nicht so gut wie Koris Nase.

Kori: Es ist dir aufgefallen? Phil hat sie mir zum Muttertag geschenkt. Zusammen mit dem Kinn. Phil konnte es noch nie leiden. Die OP war zwar schmerzhaft, aber das Ergebnis ist überzeugend, oder?

Jillian: Allerdings. Mein Kinn würde ich auch gern machen lassen.

Tessa: Deine Brüste haben Vorrang. Auf dein Kinn achtet doch kein Mensch!

Kori: Da ist was dran.

Wenn sich alle hinreichend dick, geizig und hässlich fühlen, geht man zum Thema Schule über. Schließlich ist der Beginn des neuen Schuljahrs ein großes Ereignis. Über die Schule ihrer Kinder herzuziehen ist das Lieblingshobby aller Mütter, die ich kenne. Sie scheinen die Schule als etwas zu betrachten, das ihre Kinder daran hindert, so erfolgreich zu werden, wie sie es dank elterlicher Förderung zweifelsohne wären – als umjubelte Sportler oder Tänzerinnen, Designer oder Pianistinnen. Wahrscheinlich liegt es am besonders reinen Wasser oder der besonders guten Luft in unserer Gegend, jedenfalls scheinen hier lauter Wunderkinder heranzuwachsen, wenn man den Müttern so zuhört.

Nur für meine Kinder gilt das nicht. Gomer stolpert auf dem Fußballfeld mehr vor sich hin, als dass er an erkennbaren Spielzügen beteiligt wäre, und wenn Adolpha ihre Ballettstunden nimmt, bewegt sie sich mit der Grazie einer jungen Giraffe. Sie haben halt meine Gene. Deswegen bin ich sehr stolz auf sie.

Tessa: Welche Lehrer haben eure Kinder dieses Jahr? Wir bekommen es mit Monroe und Phillips zu tun.

Kori: Oh, Phillips ist eine Hexe!

Tessa: Ist das dein Ernst?

Jillian: Allerdings! Letztes Jahr hat sie den Kindern jeden Tag einen Berg Hausaufgaben gegeben.

Tessa: Wie bitte? In der dritten Klasse?

Kori: Eben! Wir mussten ein ernstes Wort mit ihr reden, weil Cavanaugh mit Taekwondo, Fußball, Tauchen und Filmemachen nur einen Tag pro Woche Zeit für Hausaufgaben hat.

Jillian: Daran kann ich mich gut erinnern. Sie hat komplett auf stur geschaltet. Wollte sie nicht sogar, dass Cavanaugh all diese Dinge aufgibt?

Kori: Genau. Als wäre das eine Option! Welches gute College nimmt ihn denn auf, wenn er keine allseitig entwickelte Persönlichkeit ist?

Jillian: Das ist das Problem. Wie sollen unsere Kinder im Leben vorankommen, wenn sie ihre Zeit mit Hausaufgaben verschwenden?

Tessa: Ich verstehe sowieso nicht, wieso die Lehrer den Unterrichtsstoff nicht während der Schulstunden schaffen. Was treiben die eigentlich den ganzen Tag?

Kori: Das fragen wir uns auch immer.

Tessa: Na, dann kann sich diese Phillips auf was gefasst machen! Tex spielt Baseball und Tennis, treibt Leichtathletik und malt in Öl. Und nichts davon wird er vernachlässigen für irgendwelche blöden Hausaufgaben! Brick würde einen Herzinfarkt bekommen, wenn wir Tex aus einem seiner drei Baseballteams nehmen müssten. Brick sagt immer: Wenn man erst mal bei den Yankees ist, fragt einen keiner mehr nach den Noten in der dritten Klasse.

Jillian: Wichtig ist, dass ihr dieser Phillips von Anfang an klarmacht, wie weit sie gehen kann. Du musst ihr sagen, dass du als Tex' Mutter ganz allein entscheidest, was für ihn das Beste ist. Die Frau wird schließlich von unseren Steuergeldern bezahlt, also arbeitet sie für uns! Das darf sie nicht vergessen.

Kori: Eben!

Nachdem der Umgang mit dieser sich anbahnenden Krise geklärt ist, wird das zweitliebste Thema angesprochen: Partys. Und zwar solche, bei denen man alles auffährt, was die Gäste vor Neid erblassen lässt. Das geht schon mit den Anlässen los. Man feiert die Aufnahme des Kindes in einen Töpferkurs, einen halben Geburtstag oder den des Haustiers sowie die Tatsache, dass Montag (wahlweise Dienstag, Mittwoch oder Donnerstag) ist.

Jillian: Sagt mal, geht ihr eigentlich zu Caspers und Jasindas Geschlechtsenthüllungsparty?

Tessa: Natürlich. Ihre Geschlechtsenthüllungspartys darf man auf keinen Fall verpassen.

Kori: Ich glaube, ich bin nicht eingeladen.

Jillian: Was? Ich dachte, *alle* seien eingeladen!

Kori: Vielleicht habe ich die Einladung übersehen. Ich bekomme so viele, dass ich manchmal den Überblick verliere. Wie sieht sie denn aus?

Tessa: Sie wurde persönlich überbracht, von einem Imker, den Jasinda vom Schulausflug kennt. Das Motto ist »Junge oder Mädchen«.

Jillian: Das ist natürlich ziemlich einfallslos, aber diesen Imker vorbeizuschicken, in voller Dienstkleidung – oder wie man das bezeichnen soll –, war schon originell.

Tessa: Absolut. Ich habe meinen Augen nicht getraut, als er vor der Tür stand.

Jillian: Genau. Er war sooo süß!

Tessa: Und dann das Glas Honig, von Casper selbst geerntet, mit dem Einladungskärtchen dran!

Kori: Hmmm … Was mag wohl mit unserer Einladung passiert sein? Zu den ersten drei Geschlechtsenthüllungspartys waren wir doch auch eingeladen!

Jillian: Wenn ich so drüber nachdenke, warst du neulich auch nicht auf Mellodees traditioneller Party zum internationalen Umweltschutztag. Warst du nicht eingeladen?

Kori: Nein. Ich dachte, dieses Jahr hätte sie keine gegeben.

Tessa: Doch, natürlich! Die Party war bombastisch. Jedes Kind hat einen Setzling bekommen, den es zu Hause pflanzen sollte.

Jillian: Vielleicht liegt es an deiner Wohngegend, Kori.

Kori: Was soll das heißen?

Tessa: Inzwischen gilt sie doch fast schon als eine Art Ghetto, um das alle einen großen Bogen machen.

Jillian: Ihr solltet auch umziehen, Kori!

Kori: Aber unsere Kinder gehen doch alle zur selben Schule! So schlimm kann die Gegend ja wohl nicht sein!

Tessa: Wir sind dabei, die Grenzen des Schulbezirks neu festzulegen. Dann würdet ihr nicht mehr dazugehören.

Kori: Neue Schulbezirksgrenzen? Aber warum denn?

Jillian: Damit die Kinder es leichter haben. Es ist doch nicht schön für sie, Schulkameraden zu haben, die in einem ganz anderen Ambiente aufwachsen. Allein schon die ständigen Ermahnungen der Schulleitung, die Kinder sollen tolerant sein und Schüler aus eurer Gegend nicht diskriminieren.

Kori: Toleranz? Anderes Ambiente? Diskriminieren? Wir haben ein Sommerhaus am See, und im Winter gehen wir Skilaufen wie ihr!

Jillian: Deine Familie ist eine Ausnahme. Andere in eurem Viertel verbringen den ganzen Sommer in der Stadt. Und in Kinslees Klasse sind Kinder, die nicht mal Skilaufen *können*.

Tessa: Ist dir nicht aufgefallen, dass die Geburtstagsfeiern in eurem Viertel immer unorigineller werden?

Kori: Das stimmt doch gar nicht! An Lunas Geburtstag neulich hatten die Kinder viel Spaß!

Jillian: Welches Motto?

Kori: Es war eine Pyjamaparty wie in den Achtzigern, als ich Kind war, alles retro und so.

Jillian: Genau das meine ich ja. »Pyjamaparty« reicht doch nicht als Motto für eine Party!

Kori: Das war ja auch nicht das Motto! Das Motto war »Die Achtziger«, mit Kuchen in allen Farben des Regenbogens. Es war sehr komisch.

Tessa: Haben die Gäste die Komik erfasst, oder fanden sie das Ganze einfach nur billig?

Kori: Ich glaube, sie haben es verstanden.

Tessa: Ich fürchte, Jillian hat recht. Wenn ich eine Achtzigerparty geben würde, müssten sich die Mädchen wie Madonna oder Bonnie Tyler anziehen, wir würden eine Rollschuhbahn mieten und professionelle Breakdancer anheuern.

Jillian: Und die Gäste bekämen eine beliebte Kinderserie der Achtziger auf DVD und regenbogenfarbene Hosenträger geschenkt.

Tessa: Und die Mädchen noch ein maßgeschneidertes Satinjackett.

Jillian: Gute Idee, Tessa! Was hast du deinen Gästen geschenkt, Kori, auf dieser Pyjamaparty, meine ich?

Kori: Dieses Mal haben wir auf die Gästegeschenke verzichtet. Meist ist das doch nur Mist.

Tessa: Nur, wenn man nicht viel dafür ausgibt. Aber davon muss man in eurem Ghetto wohl ausgehen. Darum geht es ja gerade.

Jillian: Denk mal drüber nach, Kori! Luna wird schließlich nur einmal sieben. Es soll doch ein ganz besonderer Tag werden. Oder ist dir egal, was andere über sie und ihre Partys denken?

Kori: So habe ich das noch nie gesehen.

Tessa: Anders kann man es doch gar nicht sehen! Hier geht es nicht um dich, sondern um dein Kind! Deswegen lasse ich unsere Kindergeburtstage schon seit Jahren von einem Profi planen. Nur so werden sie zu etwas Einzigartigem – wie das Geburtstagskind selbst.

An dieser Stelle merke ich, dass ich meine Deckung aufgegeben habe. Ich bin so fasziniert von Tessas neuen Brüsten und dem Elendsviertel, in dem Kori wohnt, dass ich mein Versteck verlassen habe. Stattdessen stehe ich jetzt unmittelbar vor den dreien. Ich versuche, so zu tun, als suche ich hoch konzentriert nach einem bestimmten Radiergummi und sähe sie gar nicht. Prompt fangen sie an, über mich zu reden.

Jillian: Ist das nicht die … wie heißt sie doch gleich … die im Pyjama zur Schule gefahren ist, um ihren Sohn abzuholen?

Kori: Keine Ahnung. Ich würde sie nicht wiedererkennen, weil ich sie noch nie in normaler Kleidung gesehen habe.

Jillian: Ich glaube, sie ist es.

Tessa: Natürlich ist sie das. Seht euch bloß ihren Einkaufskorb an! Lauter billiges Zeug und dazu Jogginghosen!

Jillian: In so was sieht doch jeder schrecklich aus!

Tessa: Besser, als im Pyjama zur Schule zu kommen.

Jillian: Das ist allerdings wahr.

Kori: Sollen wir Hallo sagen?

Tessa: Warum?

Kori: Keine Ahnung. Aus Höflichkeit.

Jillian: Okay. Hallo zu sagen schadet wohl nichts. Wir brauchen sie ja nicht gleich zur nächsten Party einzuladen.

Tessa: Dafür hätte sie sowieso nichts anzuziehen.

Jillian: Nennt mich eine eingebildete Pute, aber wenn ich's recht bedenke, sollten wir vielleicht doch lieber verschwinden, ehe die Pyjamalady uns anspricht.

Tessa und Kori: Schnell, lasst uns gehen!

HOCHLEISTUNGSSPORT BEIM KINDERBOWLING

Sommer in Kansas ist kein besonderes Vergnügen. Es gibt keine Strände zum Relaxen und keine Berge zum Klettern. Schwimmbäder bieten Abwechslung bei schönem Wetter, aber wenn es regnet oder die Sonne selbst fürs Schwimmbad zu heiß vom Himmel herunterbrennt, hat man nicht viele Möglichkeiten, sich die Zeit zu vertreiben. Als Gomer und Adolpha noch klein waren, habe ich sie mir an solchen Tagen samt ihren Tretrollern geschnappt und bin mit ihnen in eines der verwaisten Einkaufszentren gefahren, wo sie in der von einer Klimaanlage perfekt temperierten Luft durch die fast menschenleeren Gänge sausen konnten. Als sie größer (und schneller) wurden, wurde mir klar, wie leicht sie womöglich einen älteren Mitbürger umnieten könnten, der unerwartet um eine Ecke kam. Zu der Zeit – Gomer war etwa sieben, Adolpha fünf – hörte ich von kostenlosen Bowlingnachmittagen für Kinder. So was gibt es tatsächlich.

Wochentags hatte jedes Kind zwei Spiele frei. Die Schuhe musste man natürlich gegen eine Gebühr ausleihen – es sei denn, man war so schlau wie ich und ersteigerte welche bei eBay, die ich auf demselben Weg natürlich wieder verkaufte, wenn sie nicht mehr passten. Nach meiner Rechnung mussten wir fünfmal zum Bowling gehen, bis sich die Schuhe amortisiert hatten. (Ja, langsam färbte Ebbis Pfennigfuchserei auf mich ab.) Jedenfalls gingen wir oft und gern bowlen und trafen dort sehr interessante Menschen. Oft wimmelt es auf Bowlingbahnen ja von Rentnern, denen ihr Outfit inklusive eigener Bowlingkugeln und sonstigem Zubehör wichtiger sind als das Bowlen selbst. Ich habe nie verstanden, warum es Spielern über fünfundsechzig so wichtig ist, mindestens zwei Kugeln und drei Paar Bowlingschuhe zu besitzen. Zum Outfit gehören auch Handgelenkbandagen und Fingertapes. Ganz zu schweigen von den Handtüchern! Offenbar braucht man ein besonders weiches für die Kugel und ein besonders saugfähiges für die verschwitzte Stirn – und zwar in doppelter Ausführung, damit kein Tuch überstrapaziert wird. Hauptgesprächsthema beim Rentnerbowling ist dieses Zubehör, und selbst in ihrem gesegneten Alter konkurrieren die Männer immer noch miteinander und versuchen, die Frauen mit ihrer Ausrüstung zu beeindrucken.

Meine Kinder sind für so etwas extrem anfällig. Sobald sie etwas Cooles sehen, wollen sie es haben. Adolpha behauptete zu der Zeit beispielsweise, sie würde viel besser bowlen, wenn sie die Barbie-Bowlingkugel bekäme. Und Gomer war davon überzeugt, dass jeder Wurf ein Strike würde, wenn er sich die Finger so tapen dürfte wie die Rentner.

Eines Tages wechselte das Management der Bowlingbahn, und das neue hielt es für ratsam, Kinder und zahlende Gäste zu separieren, indem sie den Kindern die Bahnen am Ende der Anlage zuwiesen. Seitdem kamen wir mit den Rentnern kaum noch in Berührung, und die Kinder zerrten mich nach dem Bowlen seltener in den Verkaufsraum gleich neben dem Eingang.

Obwohl ich die Oldies und ihr Imponiergehabe amüsant fand und die räumliche Trennung von ihnen bedauerte, durfte ich nun feststellen, dass sich auch auf den Kinderbahnen wahre Dramen von hohem Unterhaltungswert abspielten.

Eines heißen Sommerabends, als wir, Gomer und ich, gerade unser erstes Spiel begonnen hatten, belegten Mutter und Tochter die Bahn neben uns. Kaum waren sie startklar, warf Gomer einen Strike. Die andere Mutter beglückwünschte ihn, und ich lächelte ihr zu, aber heimlich dachte ich: *O nein, jetzt müssen wir mit denen Small Talk machen, und das kann ich doch nicht!* Aber die Sache entwickelte sich anders. Am Ende musste ich mich sogar beherrschen, um nicht auszurasten oder der Mutter Erziehungstipps zu geben.

Ihre Tochter war etwa zehn und spielte solo. Die Mutter beschränkte sich auf die Rolle einer Begleiterin und hatte eine Illustrierte mitgebracht, um sich nicht zu langweilen.

Beim ersten Wurf rollte die Kugel des Mädchens nach wenigen Metern in die Rinne neben der Bahn. Prompt tauchte die Mutter aus ihrer *Vogue* auf und fragte: »Was ist los? Du musst dich konzentrieren! Wie konnte das passieren?«

»Wie – konzentrieren?«, fragte das Mädchen. »Ich werfe doch bloß eine Bowlingkugel!«

Demonstrativ klappte die Mutter ihre Illustrierte zu und legte sie auf den Tisch. »Was soll das heißen? Konzentration ist alles, auch beim Bowlen! Gerade beim Bowlen! Du willst doch viele Punkte machen, oder? Was meinst du, was für ein gutes Gefühl es ist, wenn du richtig viele Punkte hast?!«

Was ein Schwachsinn! Das hier war kostenloses Kinderbowling, kein Hochleistungssport!

»Ist doch egal, wie viele Punkte ich mache«, sagte das Mädchen. »Ich will bloß ein bisschen bowlen.«

»Es ist keineswegs egal, ob du gut bist oder nicht! Der Junge nebenan ist viel besser als du, obwohl er viel jünger ist. Ist das nicht ein schreckliches Gefühl?«

Ich sah meinen kleinen Superbowler an und fragte mich, ob er das Gespräch auf der Nebenbahn gehört hatte. Aber offenbar war ich die Einzige in unserer Familie, die ständig lange Ohren machte. Gomer hatte nichts mitbekommen. Glücklicherweise. Nur ungern hätte ich mit der anderen Mutter einen Disput darüber begonnen, dass sie meinem Sohn keinen Floh ins Ohr setzen sollte.

Die Frau ließ ihre Illustrierte jetzt links liegen und »coachte« ihre Tochter, dass man es kaum mitansehen konnte, (was mich aber nicht daran hinderte, alles aufmerksam zu verfolgen).

»Das ist nicht dein Ernst! Du hast die Kugel schon wieder in der Rinne versenkt! Dem kleinen Jungen da drüben ist das noch nie passiert!« (Genau. Der kleine Junge hatte die Rinne nämlich blockiert – ein besonderer Service für Kinderbahnen. Gomers wahre Leistung hätte also darin bestanden, die Kugel trotzdem in der Rinne zu versenken.) »Nun konzentriere dich endlich! Mach es wenigstens *einmal* richtig! Siehst du! Das war schon besser. Ist doch ein gutes Gefühl, oder? Du willst dich doch bestimmt nach jedem Wurf so gut fühlen!«

Was war bloß mit dieser Frau los? Ging es denn immer und überall um Leistung? Musste ihr Kind immer das beste sein? Sollte es sein Selbstbewusstsein nur aus dem Gewinnen ziehen?

Offenbar war das Mädchen ein Einzelkind, und alle Ambitionen der Eltern richteten sich auf sie. Es musste ein schreckliches Gefühl sein, von der eigenen Mutter zur Schnecke gemacht zu werden, weil ein Siebenjähriger (mit abgedeckter Rinne) besser bowlte. Ist das der Stoff, aus dem Essstörungen entstehen? Wenn schon beim kostenlosen Kinderbowling so viel Druck aufgebaut wurde – wie benahm sich diese Familie dann bei ernsthafteren sportlichen Aktivitäten?

Wahrscheinlich wie bei vielen Sportereignissen, die ich als Mutter vom Spielfeldrand verfolgt habe. Aus irgendwelchen Gründen scheinen die Leute zu glauben, sie müssten das nächste Sportidol der Nation hervorbringen. Eltern geben ein Vermögen für Schläger, Bälle, Handschuhe, Privatstunden, Trainingslager und Turniere aus, um ihre Kinder als Sieger zu sehen. Zur Mathe-AG oder dem Schachclub melden diese Eltern ihre Kinder nie an. Es muss schon Baseball, Football, Tanz oder Gymnastik sein. Schon Achtjährige müssen … nein, nicht nur Leistung bringen, sondern die Besten sein. Bei Fußballspielen brüllen Väter am Spielfeldrand: »Hau ihn um, Jefferson! Ich habe dir doch gezeigt, wie's geht! Hau ihn so um, dass er nicht wieder aufsteht!« Bei Gymnastikstunden habe ich erlebt, dass ein Prinzesschen vom Schwebebalken fiel und die anderen Mütter lediglich darüber spekulierten, wie weit es die eigene Tochter wohl in der Hierarchie nach oben katapultierte, wenn sich die gestürzte Konkurrentin ernsthaft verletzt hatte.

Es muss doch bessere Wege geben, Kinder zu motivieren! Natürlich möchte ich, dass meine Kinder Erfolgserlebnisse haben, aber die Frage ist doch, womit. Für den fußballbegeisterten Gomer ist mir am wichtigsten, dass er durchhält, wenn es gerade mal nicht so gut läuft. Er ist kein Beckham, und ich erwarte nicht, dass er jedes Spiel gewinnt, aber das Training soll er ernst nehmen. Und wenn er es eines Tages trotzdem mit einer anderen Sportart versuchen will: okay.

Adolpha weiß noch nicht, was sie will. Wir haben es mit Tanzen versucht, aber da sie meine Gene hat, bewegt sie sich so ungraziös wie ich. Auch Cheerleader war nicht ihr Ding. »Was soll das, Mami? Ich friere mir in den knappen Klamotten den Hintern ab, nur um ein paar Jungs anzufeuern. Wer feuert mich an?« (Kluge Frage – kluges Kind!) Fußball ist ebenfalls nicht das Richtige für sie, weil sie da mehr laufen muss, als ihr lieb ist. Andererseits steht sie auf Stulpen, Schienbeinschoner und Trikots mit einer Nummer auf dem Rücken (die bereits erwähnte Zubehörverliebtheit meiner Kinder). Zurzeit liebäugelt sie mit Basketball. Für ihr Alter ist sie ziemlich groß, und knöchelhohe Basketballschuhe findet sie cool, aber nach einem gebrochenen Arm und vielen blauen Flecken finde ich, dass sie in einer Malschule besser aufgehoben wäre.

Bei unserem Bowlingspiel hatten wir das Glück, dass Mutter und Tochter ihre Bahn bald wieder räumten. Sonst hätte die Frau sich wahrscheinlich auch noch in unser Spiel eingemischt.

Das erste gewann ich nur knapp, beim zweiten schlug Gomer mich haushoch. Offenbar hatte ich mich von diesem Mutter-Tochter-Duo ablenken lassen. Ärgerlich! Das passiert mir bestimmt nicht noch mal. An diesem Abend fühlte ich mich so mies, dass ich drauf und dran war, erst den Kühlschrank leer zu fressen und dann alles wieder auszukotzen.

ICH DACHTE, »MOTHER'S LITTLE HELPER« SEI EIN BABYSITTER

In Bezug auf Drogen war ich schon immer ziemlich naiv. Ich habe nie welche ausprobiert und kenne kaum Leute, die sie regelmäßig nehmen. Während meiner Collegezeit fuhr ich mit Kommilitoninnen durchs halbe Land zum 94er Konzert in Woodstock im Norden von New York. Auf der Autobahn kam ein Wagen voller männlicher Studenten auf der Überholspur angebraust und blieb dann auf unserer Höhe. Der Typ auf dem Beifahrersitz hielt uns ein Schild hin, auf dem stand: HABT IHR BESTECK DABEI?

»Was sind das denn für feine Pinkel?«, fragte ich meine Freundinnen. »Haben die als Reiseproviant keine Sachen mitgenommen, die man mit der Hand essen kann?«

Meine Freundinnen zogen mich gnadenlos auf, weil ich erst etliche Ausfahrten später begriff, dass es den Jungs nicht um Tischmanieren ging.

Noch länger brauchte ich als junge Mutter, ehe ich begriff, dass die meisten anderen Mütter Drogen nahmen. Damit meine ich nicht Gras oder Koks, sondern Beruhigungs- und Aufputschmittel, gern abwechselnd. Ich scheine so ziemlich die Einzige zu sein, die ihre Gefühle ungefiltert erlebt und sich ihren Stimmungsschwankungen 1:1 aussetzt. Ich bin auch so ziemlich die Einzige, die ihre Kinder von der Schule abzuholen vergisst, wenn die mal früher Schluss haben, und die dann im Pyjama losrasen muss. Wahrscheinlich bin ich auch die Einzige, bei der im ganzen Haus schmutzige Wäsche herumliegt, und die Einzige, die zu Schulfesten nichts Selbstgebackenes mitbringt. (Pappteller und Trinkbecher werden ja glücklicherweise auch gebraucht.) Wenn ich einkaufen gehe, treffe ich lauter perfekt gekleidete und zurechtgemachte Mütter, die hohl lächelnd und leeren Blicks nach Biogemüse Ausschau halten, weil sie für ihren selbstverordneten Drogencocktail im Magen eine solide Grundlage brauchen. Ich scheine auch die Einzige zu sein, die es komisch findet, dass diese Biokundinnen Kartoffelchips aus Gewissensgründen ablehnen, während sie sich hochwirksame Pillen reinwerfen, als seien es Tic Tacs.

Ich weiß, dass es Frauen gibt, denen aus gutem Grund Tabletten verschrieben werden. Die meine ich nicht. Ich rede von denen, die sich wahllos Zeug reinpfeifen, um Stress zu bewältigen oder ihren eintönigen Hausfrauenalltag aufzupeppen. Sie werfen keine Pillen ein, um das Leben besser bei den Hörnern packen zu können, sondern um sich davor wegzuducken. Kein Wunder, dass diese Supermütter mehr gebacken kriegen als ich. Mit einem bunten Pillenmix würde ich das auch schaffen.

Diese Frauen verwandeln jedes Fußballspiel der F-Jugend in einen Schwarzmarkt für Pharmazeutika. Man erkennt sie schon von weitem. Sie benehmen sich wie Junkies, die den nächsten Schuss brauchen, und sagen Dinge wie: »Ich habe gestern meine letzte XY-Pille genommen und kann mir erst am Dienstag das nächste Rezept holen. Hast du vielleicht noch eine oder zwei für mich? Ich habe heute schon wieder so viel auf dem Zettel, dass ich gar nicht weiß, wie ich durch den Tag kommen soll.«

Doch so nervig diese Frauen auch sind – sie sind mir lieber als jene, die ihren Tablettenkonsum zu kaschieren versuchen. Ich nenne sie Mütterjunkies. Eine habe ich mal kennengelernt, als Adolpha sich mit fünf den Arm gebrochen und starke Schmerz- und Schlafmittel verschrieben bekommen hatte. Einige Wochen nach dem Unfall schrieb mir dieser Mütterjunkie eine E-Mail.

Mütterjunkie: Wie geht es Adolpha?
Ich: Schon viel besser, danke.
Mütterjunkie: Gott sei Dank! Hat sie gute Schmerzmittel bekommen?
Ich: Ja. Auch was zum Schlafen. Aber seit einer Woche nimmt sie nur noch ab und an eine Paracetamol.
Mütterjunkie: Super! Sind von den stärkeren Tabletten noch welche übrig? Ich würde sie dir abkaufen, wegen meiner Migräne.

Ich war perplex und hätte am liebsten zurückgeschrieben: *Spinnst du? Geh gefälligst zum Arzt, wenn dir etwas fehlt!* Stattdessen antwortete ich gar nicht. Einige Tage später meldete sie sich wieder:

Mütterjunkie: Ich weiß nicht, ob du meine letzte E-Mail bekommen hast. Ich würde dir gern Adolphas übrige Tabletten abkaufen. Ich habe schreckliche Zahnschmerzen und schaffe es diese Woche nicht zum Zahnarzt. Er würde mir ja etwas verschreiben, aber ich müsste mir das Rezept abholen. Deswegen wäre es einfacher für mich, Adolphas Tabletten zu nehmen. Wären fünfzig Dollar okay?

Auch das ignorierte ich. Glücklicherweise lief ich dieser Frau nicht oft über den Weg. So bestand keine Gefahr, dass sie mir plötzlich auf dem Schulparkplatz gegenüberstehen und mich faktisch zum Drogendealen nötigen würde. Nach einigen Tagen kam wieder eine E-Mail:

Mütterjunkie: Dir ist doch klar, dass ich das nicht ernst gemeint habe? Niemals würde ich Adolphas Tabletten nehmen. Es sollte ein Witz sein. Du kannst also aufhören, dich moralisch überlegen zu fühlen.

Ich habe diese Frau dann aus der Liste meiner Kontakte gestrichen. Wer braucht schon einen Junkie im Freundeskreis?

Da waren mir die Supermoms lieber. Okay, sie warfen sich diese oder jene Pille ein, aber von Hustensirup, der – in größeren Mengen geschluckt – high macht, ließen sie die Finger. Ich selbst wollte ja auch nicht high durch die Gegend laufen, sondern meinen Alltag auf die Reihe kriegen. Dazu brauchte ich allerdings ein paar Tipps und Tricks von den Supermüttern. Ich hatte es satt, vom Geheimnis ihres Erfolges ausgeschlossen zu sein. Dabei wollte ich doch bloß wissen, ob man eine rote oder grüne Pille braucht, um diese *fa-bel-haf-ten* Brownies hinzubekommen, oder eine violette oder gelbe, um zwei Stunden im Fitnessstudio durchzuhalten. Ich versuchte, durch die Blume danach zu fragen, aber die Supermoms hielten sich bedeckt – zumindest mir gegenüber. Sie hielten zusammen wie Pech und Schwefel und ließen keinen in ihren exklusiven Club. Deswegen beschloss ich eines Tages, die nächstbeste Supermom direkt zu fragen.

Es war ein schöner Herbsttag, und Gomer hatte ein Fußballspiel, am Spielfeldrand lernte ich Stacy kennen. Sie hatte Kürbismuffins mit Käsecreme mitgebracht, dazu Fotos von dem Kürbis, den sie am Vormittag geschnitzt hatte. Das Motiv war eine Hexe, die in einem blubbernden Kessel rührte, und der aufsteigende Dampf bildete das Wort *Buh*. Sogar an die Geschwister der kleinen Fußballer hatte Stacy gedacht und ihnen Bastelmaterial für Fledermausflügel mitgebracht. Den anderen Müttern überreichte sie Beutelchen mit Halloweenmotiven als Anhänger und Schlafmasken mit aufgestickten Sinnsprüchen wie »Guter Schlaf vertreibt die bösen Geister«. Sie beschenkte nicht nur alle großzügig, sondern sah in ihrem herbstlich mehrlagigen Look und den coolsten Stiefeln, die man sich vorstellen kann, einfach fantastisch aus. Ihr Haar hatte sie zu einem lockeren Zopf geflochten, der ihr lässig über die Schulter hing. Während die anderen Eltern auf mitgebrachten Gartenstühlen saßen und ihren Kindern zubrüllten, was und wen sie attackieren sollten, lief Stacy an der Seitenauslinie auf und ab und machte (zweifellos wunderbare) Fotos von ihrem Sohn. Nebenbei half sie den anderen Kindern beim Basteln.

Falls Sie noch nicht eingeschüchtert genug sind, müssen Sie wissen, dass Stacy nicht nur eine perfekte Hausfrau und Mutter war, sondern auch einen Vollzeitjob hatte. Einen ziemlich anspruchsvollen sogar. Ich erinnere mich zwar nicht genau, was sie machte, aber in den dreißig Sekunden, die sie Zeit fand, um sich mit mir zu unterhalten, erfuhr ich, dass sie mindestens fünfzig Stunden pro Woche arbeitete und alle paar Tage quer durchs Land reiste. Wenn sie dann abends nach Hause kam, bereitete sie noch schnell den Teig für die kleeblattförmigen Pfannkuchen vor, die sie ihren Kindern am nächsten Morgen zum Frühstück servieren wollte, weil es der Internationale Tag des Kleeblatts war – oder irgend so ein Schwachsinn. Ich fragte sie, woher sie das mit dem Internationalen Tag des Kleeblatts wüsste, und sie sagte, ihrer Meinung nach solle jeder Tag ein Feiertag sein. Deswegen führe sie einen internationalen Kalender, in dem sämtliche Feiertage der Welt verzeichnet seien. (Sie hat recht. Ich habe gerade nachgesehen und festgestellt, dass in Frankreich heute die Hinrichtung Marie Antoinettes gefeiert wird. Vielleicht sollte ich heute Abend Hot Dogs machen und eine kleine Guillotine basteln, mit der man sie in mundgerechte Häppchen schneidet.)

Nach diesen dreißig Sekunden war ich wie erschlagen und sagte: »Ich verstehe nicht, wie du das alles schaffst, Stacy. Kannst du es mir verraten?« Dann biss ich in einen ihrer köstlichen Muffins und dachte: *verdammt, ich mag keinen Kürbis, aber dieses Ding schmeckt hervorragend.*

»Ganz einfach«, sagte sie. »Du musst Prioritäten setzen, Jen. Ich zum Beispiel mache für alles Listen.«

»Okay …«, sagte ich wenig überzeugt. »Listen.« Dann rückte ich mit dem heraus, was ich wirklich dachte. »Komm schon, Stacy! Da muss es noch etwas anderes geben. Ich weiß doch, dass ihr Supermoms alle auf Droge seid. Ich weiß nur nicht, *was* ihr nehmt. Aber ich will es wissen, ich möchte auch so sein wie ihr. Was muss ich meinem Arzt erzählen, damit er mir das Zeug verschreibt? Wenn ich ihm sage, dass ich andauernd müde und unkonzentriert bin, empfiehlt er mir immer bloß Yoga. Ich hasse Yoga!«

»Wie bitte?« Stacy hörte auf zu fotografieren und sah mich ganz entsetzt an. »Hältst du mich für einen Junkie?«

Die anderen Mütter verstummten.

»Nein … ich dachte …«, stammelte ich. »Junkie klingt so negativ. So habe ich das nicht gemeint. Du hast ja auch nicht versucht, mir Adolphas Schmerz- und Schlafmittel abzukaufen.«

»Wovon, zum Teufel, redest du?«

»Nichts. Schon gut. Ich will doch bloß meine Leistungsfähigkeit optimieren«, bettelte ich. »Was nehmt ihr? Ritalin? Ist es das?«

»Meine Tochter nimmt Ritalin«, sagte Stacy empört.

»Hab ich's doch gewusst!«, hörte ich eine Mutter hinter mir flüstern.

»Und du nimmst manchmal auch eine ihrer Pillen?«, fragte ich Stacy.

»Aber sicher tut sie das«, flüsterte die Mutter hinter mir.

»Wie wir alle«, raunte eine andere.

»Natürlich nicht! Wie kommst du bloß darauf, Jen?«, sagte Stacy indigniert. »Es tut mir leid, wenn du unfähig bist, dein Leben so zu organisieren, dass du genug Zeit für dich und deine Familie hast. Aber dass ich es im Griff habe, bedeutet nicht, dass ich ein Junkie bin! Ich habe einen anstrengenden Job, da kann es schon mal vorkommen, dass ich was zur Beruhigung nehme. Aber ich gehöre nicht zu den Müttern, die den ganzen Tag im Haus herumhocken und Pillen einwerfen, um sich und ihr trostloses Leben zu ertragen!«

Damit stapfte sie ans Ende des Spielfelds, um möglichst viel Distanz zwischen sich und mir zu schaffen.

Ich sah ihr nach und fragte mich, was sie wohl meinte, wenn sie »was zur Beruhigung« sagte. Eine Mutter legte mir den Arm um die Schulter und sagte: »Wow, das war heftig.«

Ich nickte.

Eine andere öffnete ihre Handtasche. »Brauchst du was?«, fragte sie mitfühlend und hielt mir eine kleine blaue Pille hin.

Heilige Scheiße! Ich hatte es geschafft! Ich starrte auf die Pille und dann in die leblosen Augen der Frau. Aus der Ferne brüllte Stacy: »Gut gemacht, Jaxon! Das gibt ein klasse Foto!« In dem Moment wurde mir klar, dass ich keinerlei Ambitionen hatte, ein Album mit Fotos von Gomer als großem Fußballer anzulegen, keine Lust zum Backen von Gewürzmuffins oder zum Gang ins Fitnessstudio. Ich wusste auch, dass keine Pille der Welt meinen Stil verbessern oder meine Haare verlängern würde. Wozu Pillen nehmen, die mich in einen Putzteufel verwandelten? (Obwohl Ebbi sicher nichts dagegen hätte.) Ich stand zu meinen Stimmungsschwankungen und Wutanfällen, denn wenn ich wütend, ängstlich oder aufgeregt war, fühlte ich mich lebendig. Außerdem wurde mir klar, dass ich meine Stressbewältigungsstrategie längst gefunden hatte: essen.

»Nein, danke«, sagte ich. »Sind noch Muffins übrig?«

WELCHE MUTTER IST DIE BESTE?

Schon bevor ich Kinder hatte, wusste ich, dass es so etwas wie Mütterkriege gab. Aber damals dachte ich, bei den verfeindeten Lagern handelte es sich um Befürworterinnen der Herdprämie auf der einen und berufstätigen Müttern auf der anderen Seite. Ich stellte mir vor, dass die berufstätigen über die anderen die Nase rümpften und ihnen vorwarfen, dass sie den ganzen Tag vor dem Fernseher hockten und Pralinen in sich hineinstopften, während sie selbst die Dreifachbelastung durch Job, Haushalt und Kinder auf sich nahmen. Und dass die Herdprämienmuttis behaupteten, den anderen sei ihre Karriere wichtiger als die Kinder. Damals wusste ich noch nicht, dass diese Kriege unter Müttern viel komplexer sind. Es geht auch nicht um die Frage, welche berufstätige Mutter den härtesten Job hat. So einfach ist die Sache nicht. Dass sich jede Frau ihren Job »aussucht« und dann ihren Frieden mit dieser Wahl macht, gilt heute als normal. Sich über so einen Scheiß zu streiten ist out. Heute geht es beiden Lagern um den Job, den wir gemeinsam haben: das Muttersein. Die erbittertsten Kämpfe drehen sich um die Frage, wer und wie die beste Mutter ist.

Als Kriterium gilt nicht nur, wer nach der Geburt am längsten Heim und Herd hütet oder den wichtigsten Job hat, sondern auch, wer sein Kind am längsten, wo und wie stillt (Kennen Sie das Foto im Internet, auf dem eine Frau ihr Kind im Kopfstand stillt?), wer das begabteste Kind hat und das fantasievollste Pausenbrot kreiert (das von den Kindern genauso achtlos weggeworfen wird wie ein gewöhnliches Sandwich).

Das Hauptschlachtfeld dieser Mütterkämpfe ist der Ort, wo alle zusammenkommen: das Schulfest während der Grundschulzeit z. B., insbesondere das Sommerfest. Dummerweise sind die Kombattantinnen dort gezwungen, für eine gewisse Zeit zivil miteinander umzugehen. Also setzen sie das verlogenste Lächeln auf und greifen tief ins Arsenal der vergifteten Komplimente.

Einmal hatte ich das zweifelhafte Vergnügen, bei so einem Sommerfest mitzuhelfen. Es war der Wahnsinn! Die Mütter brauchten keine Pistolen oder Messer; ihre tödlichen Waffen waren Worte.

Zuerst half ich am Einlass. Ich sollte kontrollieren, ob alle bezahlt hatten. Am Vortag hatten die Kinder, deren Eltern den vereinbarten Beitrag entrichtet hatten, Armbändchen mitbekommen. Beim Fest sollte jeder eins tragen. Alles ging gut, bis eine Familie mit mehreren Kindern kam, von denen keins ein Armband trug. Ich fragte, wieso nicht.

»Wir haben keine bekommen«, sagte die Mutter.

»Hmm, merkwürdig«, sagte ich. »Ihr Ältester hätte die Armbänder für alle gestern mitbringen sollen.«

»Unmöglich! Ich habe keine Armbänder gesehen.«

»Dann schaue ich mal in die Liste«, sagte ich und fragte die Frau nach ihrem Namen.

»Cooper-Wells«, sagte sie.

Ich fand den Namen auf der Liste und sagte: »Ich gebe Ihnen neue Armbänder.«

Ich wollte sie gerade holen, als die Frau mich festhielt. »Was heißt hier *neue?* Wir haben nie welche bekommen!«

»Schon gut«, sagte ich. »Ich gebe Ihnen neue.«

»Haben Sie nicht verstanden? Hören Sie gefälligst auf, von *neuen* zu sprechen, als hätte ich die ersten verloren. Ich habe sie nicht verloren! Wir haben keine bekommen!«

Diese Cooper-Wells ging mir gehörig auf den Keks. Warum

verteidigte sie sich so aggressiv, wenn ich sie gar nicht angegriffen hatte? »Kein Problem. Was immer mit Ihren Armbändern passiert ist – ich gebe Ihnen jedenfalls NEUE«, sagte ich aus purer Bosheit.

»Sie verstehen es immer noch nicht«, legte sie nun richtig los. »Bei uns zu Hause hat alles seine Ordnung. Alles *muss* seine Ordnung haben, denn ich bin berufstätig. Meine Kinder sind feste Abläufe gewöhnt. Dazu gehört auch, dass sie gleich nach der Schule alles abliefern, was sie mitbekommen haben. Ich habe nämlich keine Zeit, ihre Ranzen zu durchsuchen. Stattdessen erziehe ich sie zu Eigenverantwortung. Sehr erfolgreich übrigens. Pannen wie die, die Sie uns hier unterstellen, gibt es bei uns nicht. Wenn Harrison gestern Armbänder für die ganze Familie mitbekommen hätte, trügen wir sie jetzt!«

Diese Tirade bekam eine Mutter aus dem Vorbereitungskomitee mit, die den Kindern am Vortag die Armbänder gegeben hatte. »Alles in Ordnung, Jen?«, fragte sie.

»Nicht ganz«, sagte ich. »Familie Cooper-Wells hat keine Armbänder.«

»Stehen sie denn auf der Liste?«

»Ja.«

»Okay, dann geben wir ihnen einfach neue.«

»Wir brauchen keine *neuen!*«, zischte die Cooper-Wells. »Wir haben nie welche bekommen.«

»Ich habe sie den Kindern gestern persönlich ausgehändigt«, sagte die Komitee-Mutter. »Und ich versichere Ihnen: Niemand ist auf der Liste gelandet, der keins bekommen hat.«

Die Cooper-Wells wiederholte ihre Leier über Organisiertheit, Strukturen und Abläufe in ihrem Haushalt.

Langsam wurde auch die Komitee-Mutter gallig und sagte: »Wenn Sie auf der Liste stehen, haben Sie die Armbänder bekommen.«

»Meinen Sie diese Liste hier?«, fragte die Cooper-Wells

schnippisch. »Da steht nur, welche Familien bezahlt haben. Sie hätten wenigstens so etwas wie Häkchen hinter die Namen setzen können, wenn die Kinder die Armbänder bekommen haben! Anhand *dieser* Liste können Sie doch gar nicht feststellen, welche Kinder tatsächlich Armbänder haben!«

»Doch, das kann ich sehr wohl! Ich bin nämlich *systematisch* vorgegangen«, sagte die Komitee-Mutter schmallippig.

Die Sache nahm Fahrt auf. Es war klar, dass keine von beiden auch nur einen Millimeter zurückweichen würde. Die Komitee-Mutter war drauf und dran, die rote Linie zu überschreiten. Statt darauf zu warten, wie die nächste Eskalationsstufe aussehen würde, tat ich, was ich am besten kann: zur falschen Zeit einen selbstironischen Witz reißen, der nicht verstanden wird und alles nur noch schlimmer macht.

»Ich bewundere Frauen, die so organisiert sind«, sagte ich. »Ich wünschte, ich wäre in der Lage, so systematisch vorzugehen *und* meinen Kindern feste Abläufe anzugewöhnen. Stattdessen leeren sie ihre Ranzen alle ein, zwei Wochen auf dem Wohnzimmerboden aus, und dann wühle ich mich durch den Wust und hoffe, nichts zu finden, was schon vor Tagen hätte erledigt werden müssen. Und dass nichts verloren gegangen ist. Meine Kinder verlieren nämlich andauernd Sachen. Hätten sie mir ihre Armbänder gestern nicht stolz gleich nach der Schule gezeigt und umgebunden, wären unsere auch verschwunden.«

Die Cooper-Wells starrte mich finster an. »Das ist ja das reinste Chaos bei Ihnen! Kinder brauchen Strukturen!«

Jetzt reichte es mir. Was bildete sich diese dumme Kuh eigentlich ein? Ich würde es nicht der Komitee-Mutter überlassen, die rote Linie zu überschreiten, ich würde es selbst tun.

»Wissen Sie was?«, sagte ich. »Ich habe hier dafür zu sorgen, dass nur reingelassen wird, wer ein Armband hat. Und Sie haben keins. Keiner von Ihrer ganzen Familie hat eins. Tut mir leid, aber Ihr System hat versagt. Sie sind die Einzige, die hier so einen Aufstand macht und uns inkompetent nennt. Das Festkomitee und Dutzende freiwillige Helfer haben eine Menge Arbeit in die Vorbereitung gesteckt. Wenn Sie meinen, Sie könnten das besser, dann übernehmen Sie diese Arbeit nächstes Jahr am besten selbst! Bestimmt gehen dann keine Armbänder verloren. So, hier haben Sie Ihre *neuen* Armbänder. Binden Sie sie um und genießen Sie das Fest!« Noch während sie nach Luft schnappte, drückte ich ihr die Armbänder in die Hand und schob sie in den Festsaal.

Inzwischen war die Vorsitzende des Festkomitees aufmerksam geworden und glaubte, mir einen Gefallen zu tun, wenn sie mich auf einen anderen Posten schickte, nämlich in der Essensausgabe der Cafeteria.

Ich stellte mich zu den Helferinnen, die lauwarme Hot Dogs und Popcorntüten austeilten. Gleich die erste Mutter (meine Bekannte Kay) hatte etwas zu mosern.

»Was ist das denn für ein Fraß? Habt ihr nichts Besseres?«

»Wie bitte?«, sagte ich. Nicht weil ich Kay nicht verstanden hatte, sondern weil ich ihr Zeit geben wollte. Sie sollte selbst darauf kommen, dass sie sich unmöglich benahm.

Aber Kay schnallte es nicht. Stattdessen hob sie die Stimme und wiederholte ihren Kommentar.

»Du musst hier ja nichts essen«, sagte ich.

»Meine Kinder haben Hunger«, erwiderte sie. »Sie brauchen was Vernünftiges zu essen. Das hier ist doch Mist!«

Da hatte sie zwar recht, aber wer erwartet bei einem Schulfest denn eine Sterneküche? Ich sah mich im Speisesaal um und entdeckte eine Mutter, die mitgebrachten Proviant auspackte. »Schau mal, da drüben ist Ellen«, sagte ich zu Kay und zeigte in die Richtung. »Sie hat ihren Kindern was mitgebracht. Das solltest du nächstes Jahr auch tun.«

»Oder ihr bietet nächstes Jahr etwas halbwegs Essbares an«, konterte Kay.

Das war schon der zweite Vorschlag zur Optimierung der Sommerfeste! Wofür hielten die Leute mich? Ich war doch kein Kummerkasten! Ich seufzte. Langjährige Erfahrung mit schulischer Elternarbeit hatte mich gelehrt, wie man am sozialverträglichsten »Leck mich!« sagt, und das tat ich jetzt. »Weißt du was?«, begann ich. »Für das Sommerfest werden jedes Jahr viele Freiwillige gebraucht. Mach nächstes Jahr doch beim Catering mit! Die Listen liegen schon aus. Soll ich dich gleich eintragen?«

»Ich weiß, was du denkst«, sagte Kay giftig. »Du denkst, weil ich nicht berufstätig bin, habe ich alle Zeit der Welt für so was.«

»Nein, das denke ich keineswegs.« Was nicht gelogen war, denn in Wahrheit dachte ich: *Du kannst dir gar nicht vorstellen, wie froh ich bin, dass du bei solchen Sachen nie mitmachst!*

Aber sie ignorierte meine Bemerkung. »Lass dir gesagt sein, dass ich für so was keine Zeit habe. Ich habe schrecklich viel zu tun. Wenn man Haushalt und Kinder ernst nimmt, ist das nämlich mindestens ein Vollzeitjob!«

»Ach, wirklich? So richtig mit Routine und Drill?« Ich konnte der Versuchung nicht widerstehen, denn ich langweilte mich auf meinem Popcornposten.

»Routine und Drill?« Kay schnappte nach Luft. »Was ist das denn für eine Frage? Natürlich nicht! Meine Arbeit als Frau und Mutter verlangt, dass ich mir täglich neue Ziele setze und nicht lockerlasse, bis ich sie erreiche.«

»Würdest du dich denn feuern, wenn du ein Ziel mal nicht erreichst?«, setzte ich nach.

»Mach dich ruhig über mich lustig! Ich weiß, wie wichtig mein Job ist.«

»Das glaube ich dir gern«, sagte ich. »Ich gehe meine Jobs ja eher locker an, besonders den der Hausfrau und Mutter. Ich glaube, es liegt daran, dass ich dafür nicht bezahlt werde. Bezahlte Arbeit ziehe ich dem Wäschewaschen vor. Ehrlich gesagt ziehe ich so ziemlich alles dem Wäschewaschen vor.« Ganz richtig, ich versuchte wieder mal, witzig zu sein. Und nein, es funktionierte auch dieses Mal nicht.

»Dann tust du mir leid«, sagte Kay. »Dein Job als Hausfrau und Mutter ist nämlich der wichtigste. Und dankbarste. Vor allem der als Mutter. Du formst Menschen, Jen! Du erziehst unsere künftigen Führungspersönlichkeiten!«

Ich zuckte mit den Schultern. »Tja, sollten meine Kinder mal in Führungspositionen landen, wird das Wäschewaschen bei ihnen vermutlich ganz hintenanstehen.«

Traurig schüttelte sie den Kopf. »Offenbar hast du keinen Respekt vor dem Muttersein. Avalynn hat mir von den Lunchpaketen erzählt, die du Gomer mitgibst. Hauptsächlich Wurst und Pudding! Damit bringst du deine Kinder um, ist dir das nicht klar?« Noch bevor ich etwas erwidern konnte, warf sie mit einer verächtlichen Bewegung das Haar zurück und stolzierte davon, mit drei Hot Dogs und einer Tüte Popcorn.

Hoffentlich erstickst du daran, dachte ich.

»Hör nicht auf sie«, flüsterte mir eine andere Mutter zu, die Limonade ausschenkte. »Hi, ich bin Starr. Ich kenne Kay aus der Stillgruppe. Meine Tochter Gaia ist genauso alt wie ihre Avalynn. Sie hält sich für die Mutter des Jahres, und zwar jedes Jahr, aber sie hat ihre Tochter nur drei Wochen gestillt. Sie fand es zu mühsam, und es kollidierte mit ihren Fitnessstunden. Wusstest du, dass sie jeden Tag zweieinhalb Stunden trainiert? Wer hat denn Zeit für so was? Und was ist wohl wichtiger: dafür zu sorgen, dass man schnell wieder in die Jeans von vor der Schwangerschaft passt, oder dem Kind den bestmöglichen Start zu geben?«

Es wäre mir peinlich gewesen, Starr zu gestehen, dass ich Gomer nur zwei Wochen gestillt habe. Er hatte einen ziemlich kleinen Kopf, während meine Brüste Melonen glichen. Eine einzige wog mehr als der ganze Gomer. Deswegen hatte ich Angst, ihn zu zerquetschen, und benutzte nach zwei Wochen nur noch die Brustpumpe, die sich auf diese Weise wenigstens amortisierte.

»Inzwischen scheint gesunde Ernährung aber ein wichtiges Thema für sie zu sein«, sagte ich. »Jedenfalls hat Avalynn keinen Fertigpudding in ihrem Lunchpaket.«

»Pah! Wer Biolebensmittel kauft, ernährt sich noch lange nicht gesund! Ich habe einen Gemüse- und Kräutergarten hinterm Haus, ohne den wir gar nicht mehr leben könnten. Nicht nur wegen der gesunden Ernährung, sondern auch, weil Gaia und Cedar, mein Sohn, dabei so viel lernen. Der Kreislauf des Lebens und so … Habt ihr auch einen Garten, Jen?«

»Nein, Nutzgärten sind in unserer Nachbarschaft nicht erlaubt«, sagte ich und wusste genau, dass ich auch kein Gemüse anbauen würde, wenn es erlaubt wäre. Wer will denn Gemüsebeete und Komposthaufen hinterm Haus haben?

»Entschuldigung«, sagte eine Mutter auf der anderen Seite der Essensausgabe. »Gibt es hier nur Hot Dogs?«

Wollte mir etwa schon wieder jemand sagen, wie ungesund die Verpflegung hier war? »Ja«, sagte ich. »Ich weiß, dass es Hochwertigeres gibt, aber das hier ist bloß ein Sommerfest!«

»Oh, ich wollte mich nicht beschweren«, sagte die Frau entschuldigend. »Es ist nur so, dass Rocket, mein Sohn, nichts als Pizza isst.«

Ich sah mir den Knaben an, der neben ihr stand. Nur Pizza? Unglaublich! »Tut mir leid, hier gibt's nichts anderes.«

»Ich will aber Pizza!«, quengelte Rocket.

»Ich weiß, Süßer, aber die Lady hat keine für dich.«

»Hot Dogs sind eklig! Ich will Pizza!«

»Nicht so laut!«, sagte die Mutter. »Ich kann dich ja verstehen. Aber hier gibt's nun mal nichts anderes.«

»Pizza!«

»Bitte reg dich nicht auf, Liebling! Mama kann es nicht ertragen, wenn du dich aufregst.«

Am liebsten hätte ich dem verzogenen Bengel eins übergebraten, aber seine Mutter sah aus wie eine, die sofort Anzeige erstatten würde.

»Weißt du was?«, redete sie begütigend auf das Balg ein. »Wir suchen Daddy und bitten ihn, dir schnell eine Pizza zu holen.« Dann sah sie mich fragend an. »Ist das erlaubt? Darf man Essen von draußen mitbringen?«

»Ich glaube schon«, sagte ich. »Ellen hat auch etwas von zu Hause mitgebracht, weil ihre Tochter so viele Allergien hat. Aber jeder Cent, den wir hier verdienen, kommt der Schule zugute. Das ist der eigentliche Zweck unserer Essensausgabe.«

»Verstehe. Bestimmt ist es nicht einfach, Geld aufzutreiben. Aber Rocket mag nun mal keine Hot Dogs. Ihr Job mag es sein, der Schule zu helfen, aber meiner ist es, Rocket glücklich zu machen.«

Aus dem Augenwinkel sah ich Starr nicken. Ich konnte mich nicht zurückhalten und sagte: »*Das* ist Ihr Job? Sein Glück? Haben Sie noch mehr Kinder?«

»Eine Tochter, Serena.«

»Und was tun Sie, wenn Sie nicht beide gleichzeitig glücklich machen können?«, fragte ich, denn das interessierte mich wirklich. Was macht man als Mutter, wenn die Wünsche und Interessen der Kinder mal inkompatibel sind? Adolpha und Gomer zum Beispiel wollen kaum je dasselbe. Vielleicht hatte diese Mutter ja ein Patentrezept für solche Situationen.

Aber sie sah mich nur irritiert an.

Ich nahm einen neuen Anlauf: »Angenommen, Serena will Burger essen. Was tun Sie dann? Fährt Ihr Mann dann Pizza *und* Burger holen?«

»Ja, natürlich.«

Ich musste mich schwer beherrschen, um die Frau nicht zu

schütteln. Dann fragte ich: »Kochen Sie immer zwei verschiedene Gerichte?«

»Nicht jeden Tag. Nudeln mit Käse mögen beide.«

Neben mir sog Starr scharf den Atem ein. Nudeln mit Käse, vor allem, falls es sich um Fertigprodukte handelte, waren für sie natürlich so gut wie ungenießbar.

»Alles Bio!«, sagte Rockets und Serenas Mutter schnell, weil sie wohl ahnte, was Starr dachte.

»Übernimmst du bitte mal?«, fragte ich Starr und verließ den Tisch.

Ich brauchte einen Szenenwechsel und sah in der Bibliothek nach, ob dort Hilfe beim Losverkauf gebraucht wurde, was aber nicht der Fall war. Wer ein Los kaufte, warf einen Abschnitt in Körbe, die für verschiedene Gewinne standen. Am Ende des Fests würden die Siegerlose gezogen.

Ich setzte mich in eine ruhige Ecke und checkte meine E-Mails. Da sprach mich eine Mutter namens Veronica an.

»Ich kann nicht fassen, dass wieder ein lebendes Tier verlost wird!«

»Wie bitte?«, fragte ich erschrocken.

»Der Hauptgewinn ist ein Kaninchen!«

Als ich mich umschaute, entdeckte ich den Kaninchenkäfig, auf den Veronica zeigte. »Ah ja«, sagte ich und beugte mich wieder über mein Handy.

»Was, wenn es nicht in gute Hände kommt?«

»Keine Ahnung.«

»Darüber solltest du dir aber Gedanken machen! Hast du dieses Fest nicht mit organisiert? Man kann doch nicht irgendwelchen Leuten ein Tier anvertrauen!«

»Ich bin mir sicher, dass der Gewinner es gut versorgen wird.«

»Also, ich möchte es jedenfalls nicht gewinnen«, sagte eine Mutter namens Julia, die auf uns zukam.

»Ich auch nicht«, gestand ich. »Deswegen habe ich mein Los nicht in den Kaninchenkorb geworfen. Werft eure Lose doch in den Korb für das iPad. Das ist pflegeleichter.«

»Meine Kinder haben die Lose gekauft«, sagte Julia. »Und ich habe keine Ahnung, in welche Körbe sie sie geworfen haben. Aber wie ich sie kenne, sind sie bestimmt auf das Kaninchen scharf.«

»Hörst du? Das habe ich gemeint«, sagte Veronica aufgebracht. »Julia gibt wenigstens zu, dass sie das Tier nicht haben will. Aber andere … Erinnert ihr euch an die Molloys, die letztes Jahr das Meerschweinchen gewonnen haben? Keinen Monat hat das Tier bei ihnen überlebt.«

»Deswegen hat sich das Festkomitee dieses Jahr wohl für ein Kaninchen entschieden. Die sind robuster«, sagte ich.

»Soll das ein Witz sein?«, fragte Veronica.

»Ja«, sagte ich. Dann wurde ich ernst. »Ich finde auch, dass ein Kaninchen kein idealer Gewinn ist, aber die Schule hat es für die Tombola gespendet bekommen, und ihr wisst ja, dass wir auf Spenden angewiesen sind. Wer immer das Kaninchen gewinnt, wird sich über Kaninchenhaltung schlaumachen. Da bin ich mir ganz sicher.«

»Hoffentlich besser als die Molloys letztes Jahr über die Haltung von Meerschweinchen.«

»Ich suche jetzt meine Kinder und frage sie, in welche Körbe sie ihre Lose geworfen haben«, sagte Julia.

»Warum hast du ihnen überhaupt die Wahl gelassen?«, fragte ich sie. »Meinen habe ich verboten, ihre Lose in den Kaninchenkorb zu werfen.«

»Meine Kinder sind eigenständige Persönlichkeiten«, erwiderte Julia. »Sie treffen ihre eigenen Entscheidungen. Genau wie du. Oder schreibt dir etwa jemand was vor?«

»Ja, die Gesellschaft, der Staat, die Schule«, sagte ich. »Es gibt doch jede Menge Regeln und Gesetze.«

»Ich meinte: in der Familie.«

»In der Familie? Nein. Aber ich bin erwachsen.«

»Das gibt dir noch lange nicht das Recht, über deine Kinder zu bestimmen. Sie sind einfach kleine Menschen, mit denselben Rechten wie du.«

»Kleine Menschen, die in meinem Haus wohnen, mein Essen essen und mich für ihre Lose bezahlen lassen«, sagte ich. »Deswegen bestimme ich, in welche Körbe sie ihre Lose werfen, und der für das Kaninchen gehört nicht dazu.«

»Haben deine Kinder Angst vor dir?«, fragte Julia.

»Ein bisschen schon. Jedenfalls hoffe ich das«, sagte ich. »Wenn nicht, habe ich etwas falsch gemacht.«

»Ha, ha! Das ist nicht witzig, Jen!«

Dieses Mal hatte ich es gar nicht sein wollen. Seufzend steckte ich mein Handy ein. Ich hatte mich lange genug mit schwerem Müttergeschütz bombardieren lassen. Es war Zeit zurückzuschlagen.

»Wo ist das Problem, wenn meine Kinder mich ein bisschen fürchten? Schließlich bin ich nicht ihre Freundin, sondern ihre Mutter. Meine Erlaubnis für Ausflüge und das Geld dafür kommt vielleicht manchmal etwas spät, aber ihre Hausaufgaben erledigen sie immer pünktlich. Vielleicht bringe ich sie langsam mit Zucker und Nitraten um, aber im Auto müssen sie sich anschnallen. Ich lasse sie Entscheidungen treffen, aber nicht über alles. Wenn es kalt ist, tragen sie Mantel und Mütze, und sie putzen sich morgens und abends die Zähne. Und was das Kaninchen betrifft, so kommt es mir nicht ins Haus, weil ich diejenige wäre, die es versorgen müsste. Genau das habe ich ihnen gesagt, und ich gehe davon aus, dass sie sich daran gehalten haben. Bestimmt haben auch die meisten anderen Eltern ihren Kindern gesagt, in welche Körbe sie ihre Lose werfen sollen. Wenn es für deine Kinder solche Regeln nicht gibt, tun sie mir leid.«

Damit marschierte ich aus der Bibliothek und suchte hektisch nach meinen Kindern. (Hätte ich lange Haare gehabt, ich hätte sie in den Nacken geworfen.) Als ich die beiden fand, fragte ich, in welche Körbe sie ihre Lose geworfen hatten. Die Ziehung stand kurz bevor, und falls Adolpha und Gomer ihre Lose trotz des Verbots in den Kaninchenkorb geworfen hatten, würde ich vor Scham sterben, nachdem ich Julia die Leviten gelesen hatte. Und Veronica wollte ich nicht in zwei Wochen gestehen, dass ich das Vieh schneller geschafft hatte als die Molloys das Meerschweinchen. Ich musste wissen, was mich erwartete. Aber ich hatte mir unnötig Sorgen gemacht. Natürlich lagen Gomers und Adolphas Lose in dem Korb für das iPad.

DIE KÖNIGIN DER ELTERNSPRECHERINNEN

Elternjobs in der Grundschule sind ein Himmelfahrtskommando. Andauernd liegen einem die anderen Eltern mit Wünschen und Beschwerden über Dinge in den Ohren, auf die man keinen Einfluss hat. Andererseits muss man diese Jobs ernst nehmen. Man darf also kein Weichei sein, wenn man sich darauf einlässt. Schwierige Entscheidungen müssen gefällt werden: das passende Geburtstagsgeschenk für die Lehrerin oder der Hauptgewinn bei der Sommerfest-Tombola.

Allerdings geht einem das Ganze leichter von der Hand, wenn man – wie ich mittlerweile – Schulelternsprecherin ist, denn dann genießt man Privilegien, wie beispielsweise einen eigenen Parkplatz und … nein, der eigene Parkplatz ist schon alles. Abgesehen natürlich von der Macht über zahlreiche Untertanen.

Nicht jeder bringt das Zeug dafür mit.

Beim ersten Elternabend in Adolphas Vorschulklasse berichtete ihre Lehrerin über all die aufregenden Pläne für das Schuljahr und verabschiedete uns mit den Worten: »Ich freue mich sehr, dass Sie alle gekommen sind, und hoffe, dass Sie sich in die Jobliste eingetragen haben, die rumgegangen ist.«

Da sich mein Gewissen regte, beugte ich mich über diese Liste, um mich für die Beschaffung von Papptellern und Trinkbechern bei den Klassenfesten einzutragen.

Und siehe da: Ich starrte auf ein weißes liniertes Blatt, auf dem sich nur in einer Zeile mehrere Namen drängten. Es war die Zeile für den Posten des Elternsprechers, der die anderen Eltern koordinieren sollte. Dort hatten sich vier Mütter eingetragen. Ja, vier! Ungläubig zählte ich nach: eins, zwei, drei, vier. Dabei gab es nur drei Feste zu organisieren, zwei Anlässe für Lehrergeschenke und eine Sommerfest-Tombola. Und doch wollten vier Mütter diesen Job unbedingt haben. So sehr, dass zwei ihren Namen noch an den Rand des Blatts gequetscht hatten. Alle anderen Zeilen waren leer. Niemand wollte beim Basteln oder der Spielebetreuung helfen, niemand einen gesunden (oder ungesunden) Beitrag zu den Festbuffets leisten. Aber vier Mütter wollten lauter nichtexistente Helferinnen anleiten. Das konnte nicht gut gehen, denn aus Erfahrung wusste ich, dass Events umso gründlicher in die Hose gingen, je mehr Mütter sich dafür verantwortlich fühlten (was jedoch vielleicht nur passierte, wenn ich eine davon war, denn man sagt mir nach, dass ich zu Übergriffigkeit neige).

Jedenfalls ärgerte ich mich über diese Liste. Was wollten diese vier Mütter beweisen? Ich liebe meine Kinder doch auch! Aber muss ich mich deswegen gleich als Elternsprecherin zur Verfügung stellen? Ich konnte doch auch auf andere Weise zum Gelingen des Vorschuljahrs beitragen, beispielsweise für Pappteller und Trinkbecher sorgen! Gerade griff ich zum Stift, um mich dafür einzutragen, da wurde ich von Lucy, einer der Elternsprecherinnen in spe, angesprochen.

»Hi, Jen. Wofür willst du dich eintragen?«

»Für Pappteller und Trinkbecher. Aber ich kann die Rubrik nicht finden. Werden dieses Jahr keine gebraucht?«

»Keine Ahnung. Zur Not kann man so was ja noch in letzter Sekunde besorgen.«

»Wenn du meinst. Aber es ist natürlich total blöd, wenn es vergessen wird. Egal. Dann trage ich mich eben für den Bastelstand bei der Halloweenparty ein.«

»Sicher?«, fragte Lucy skeptisch.

»Ja, warum denn nicht?«

»Ich dachte, du hättest zwei linke Hände.«

»Wie bitte? Du solltest mal meinen Hobbykeller sehen! Basteln ist meine heimliche Leidenschaft.« Ich zwinkerte ihr zu. Sie sah mich an, als hätte ich gestanden, dass ich in meinem Keller illegale Hahnenkämpfe veranstaltete.

Ich musste nachlegen. »Hör mal, hier geht es doch nur um Basteleien mit Fünfjährigen! Wie künstlerisch muss man dafür veranlagt sein? Wahrscheinlich machen wir wieder nur Gespenster aus einem über einen Lolly drapierten Taschentuch.«

»Ganz bestimmt nicht!«

Cadence, eine andere Elternsprecherin in spe, sprang ihr zur Seite. »Keine Süßigkeiten dieses Jahr!«

»Eine Halloweenparty ohne Süßigkeiten?«, fragte ich perplex. Das war ja pervers!

»Ganz richtig.«

»Aber Süßigkeiten sind doch Sinn und Zweck von Halloween! Wozu ziehen die Kinder denn sonst durch die Straßen?«

»Fettleibigkeit bei Kindern ist ein ernstes Problem in diesem Land, Jen, und wir wollen nicht dazu beitragen.«

»Und das Buffet? Gibt es wenigstens Cupcakes oder so?«, fragte ich und war drauf und dran, mich dafür einzutragen. Ich würde diese extragroßen kaufen, mit viel Creme und Zeug und Kram.

»Nein«, sagte Lucy streng. »Wir bieten nur gesunde Sachen an. Estelles Mom macht dieses hinreißende Skelett aus Gemüse. Die Kinder werden ausflippen, wenn sie das sehen!«

»Klingt wirklich gruselig«, sagte ich.

»Die meisten Eltern begrüßen das Zuckerverbot«, sagte Cadence. »Sie sind uns regelrecht dankbar.«

»Und das habt ihr vier mal eben so beschlossen?«

»Nein«, sagte Lucy. »Ich habe mich als Erste eingetragen, deswegen entscheide ich.«

Cadence war sichtlich gekränkt, versuchte sich aber nichts anmerken zu lassen. Wahrscheinlich galt es, dem Feind (also den Nicht-Elternsprechern) in geschlossener Formation gegenüberzutreten.

»Verstehe«, sagte ich. »Dann lasse ich mir was anderes einfallen.«

»Super«, sagte Lucy. »Aber informiere mich bitte, sobald du weißt, was du machen willst, damit ich es genehmigen kann.«

»Du willst meinen Bastelstand genehmigen?«

»Oder ablehnen. Selbstverständlich. Insbesondere nachdem deine ursprüngliche Idee inakzeptabel war.«

»Dann mache ich Mumien aus Klopapier.«

»Aber nur, wenn sie den Kindern keine Angst machen.«

Keine Süßigkeiten, keine Schreckgestalten? Was für ein Halloween soll das denn werden?

»Alles klar«, sagte ich. »Ich habe welche mit Kulleraugen und breitem Grinsen im Internet gesehen.«

»Dann schicke mir doch bitte den Link, damit ich mir ein Bild machen kann.«

»Ich kann sie dir gleich auf meinem Handy zeigen.«

»Dafür habe ich jetzt keine Zeit. Heute wollte ich bloß Emalyns Lehrerin kennenlernen. In die Arbeit stürze ich mich später. Ich muss auf meine Work-Life-Balance achten, weißt du. Und wenn ich's mir recht überlege, schicke den Link lieber an Elaine. Sie soll sich um meine Schulkorrespondenz kümmern. Irgendwo muss ich schließlich Grenzen setzen.«

Als Elaine ihren Namen hörte, war sie gleich zur Stelle. »Was gibt's, Lucy? Kann ich was für dich erledigen?«

»Ja, bitte. Wenn ich den Eltern etwas mitgeteilt habe, gehst du bitte die Nachfragen und Antworten durch und sortierst vor, worum ich mich kümmern muss. Ich will nicht, dass mein Posteingang zugemüllt wird, sondern möchte mich aufs Wesentliche konzentrieren.«

»Die Sommerfest-Tombola?«, fragte ich.

»Nein«, sagte Lucy herablassend. »Das Weihnachtsgeschenk für die Lehrerin.«

»Hast du schon eine Idee?«, fragte Elaine ganz aufgeregt.

»Ich hätte eine«, mischte sich Cadence wieder ein. Doch ehe sie noch mehr sagen konnte, kam Virginia, die Vierte im Bunde, dazu und sagte:

»Hallo, Leute! Hier ist der Fragebogen über Mrs Johnsons Vorlieben und Abneigungen, den ich entworfen habe. Sie hat ihn schon ausgefüllt. Offenbar isst sie gern mexikanisch und liebt Baseball. Wir könnten ihr einen Restaurantgutschein und eine Eintrittskarte für ein Spiel schenken.«

»Nein«, sagte Lucy und lächelte überlegen. »Ich habe den ganzen Sommer darüber nachgedacht. Was liebt jede Frau?«

»Wein«, sagte ich.

»Verwöhnt zu werden«, wies Lucy mich zurecht. »Ich rede von einer Wellnessbehandlung.«

»Wunderbar«, sagte ich. »Ich liebe Massagen und Pediküre.«

»Ganz richtig. Nur, dass es natürlich viel schöner wäre, wenn das Ganze im Klassenzimmer stattfände und die Schülerinnen und Schüler die wohltuende Behandlung übernähmen.«

Hä? Was sollte das bedeuten?

»Warum sollte Mrs Johnson sich die Mühe machen, an einem freien Tag Gott weiß wohin zu fahren, um sich verwöhnen zu lassen, wenn wir ihr diesen Service an Ort und Stelle bieten können? Beispielsweise in der Mittagspause. Die Kinder können ihr die Kopfhaut massieren und ihr die Füße eincremen. Wir Mütter bringen ihr das Mittagessen und schenken ihr einen Büchergutschein. Lehrer können von Büchern doch nie genug bekommen.«

»Aber sie bekommen Prozente. Das weiß ich von einer Cousine, die Lehrerin ist«, wandte ich ein. »Abgesehen davon hat Mrs Johnson in dem Fragebogen keine Bücher erwähnt.«

»Ich weiß gar nicht, warum wir mit dir darüber sprechen«, sagte Lucy. »Du bist doch gar keine Elternsprecherin!«

»Aber ich gehöre zu denen, bei denen ihr das Geld für die Lehrergeschenke einsammelt. Deswegen würde ich da gern ein Wörtchen mitreden.«

»Das geht nur die Elternsprecher etwas an«, sagte Cadence, und Elaine und Virginia nickten heftig.

Ich überlegte, ob ich Virginia daran erinnern sollte, dass sie der Underdog in diesem Quartett war und froh sein konnte, wenn Lucy ihr die Aufsicht über die Spiele bei der Weihnachtsfeier überließ. Was war das bloß für ein Theater! Zuerst sollte ich meinen Bastelstand genehmigen lassen, dann nur mit Lucys Leibeigener korrespondieren, und nun erwarteten diese Weibsbilder auch noch, dass meine Kinder Mrs Johnsons schuppige Kopfhaut massierten? Es reichte!

»Das ist doch alles krank!«, sagte ich. »Und ich bin mir nicht sicher, wer hier die schlimmere Arschkarte zieht – die Kinder, die essen sollen, nachdem sie Mrs Johnsons Hornhaut gesalbt haben, oder Mrs Johnson, die sich von zwanzig Paar ungeübten Händen begrapschen lassen muss, während sie ihr Essen runterwürgt, das wahrscheinlich nicht mal mexikanisch ist.«

»Das ist nicht deine Sache«, schnarrte Lucy. »Fang lieber an, Klopapier zu sammeln! Und vergiss nicht, Elaine den Link zu schicken!«

»Alles klar«, sagte ich, ging und trug mich zwei Minuten später im Schulbüro in die Liste der Kandidaten für das Amt des Schulelternsprechers ein. Den Posten will nämlich keiner übernehmen, während alle ganz wild darauf sind, Klassenelternsprecher zu werden. Warum auch immer. Dabei ist es viel erhebender, die ganze Schule zu regieren statt nur eine Klasse. Und dazu noch mit eigenem Parkplatz.

FÜNFZIG CENT FÜR EINE KRISTALLVASE

Ich liebe es zu flohmarkten. (Ja, ich benutze das Wort als Verb, und wenn Sie einmal Blut geleckt haben und viel Zeit mit dieser Tätigkeit verbringen, werden Sie es auch tun.) Es gibt nichts Schöneres für mich, als im Frühling und Herbst durch die Gegend zu fahren und nach Plakaten Ausschau zu halten, die Flohmärkte ankündigen. Unglaublich, was die Leute alles loswerden wollen! Und man weiß nie, welche Schätze man am Straßenrand oder in einer staubigen Garage findet. Ich kenne Geschichten von längst verloren geglaubten Verlobungsringen, die sich im Futter einer Handtasche wiederfinden, oder wertvollen Originalabschriften der Unabhängigkeitserklärung auf der Rückseite von alten Ölgemälden. Meine größten Schnäppchen bisher waren zwar bloß Fußballstulpen, aber ich war trotzdem begeistert, denn neue sind viel teurer.

Ich kaufe nicht nur auf Flohmärkten, sondern verkaufe auch. Jedes Jahr durchforsten meine Mutter und ich unsere Häuser nach unbrauchbarem Kram (also erstklassiger Flohmarktware), den wir verkaufen, um von dem Geld neuen Kram (also erstklassige Flohmarktware) an anderen Ständen zu kaufen, den wir eine Weile benutzen, um ihn später auf irgendeinem anderen Flohmarkt wieder zu verkaufen. Das ist der Kreislauf des Vorstadtlebens.

Meine Mutter und ich nehmen das Flohmarkten sehr ernst. Wir stellen Verkaufstische und Kleiderständer auf und präsentieren unsere Waren wie in einem richtigen Laden. Ganz vorne bauen wir die guten Sachen auf, um Kunden anzulocken und zum Stöbern zu verleiten.

Viele nette, völlig normale Menschen kommen vorbei, schauen sich um und kommentieren die Sauberkeit und Ordnung unseres Stands. Auch die Qualität unserer Angebote wird positiv vermerkt (an den Kleidern meiner Mutter hängen oft noch die original Preisschilder und Etiketten, und ich verscherbele so viele hochwertige Kinderklamotten, dass ich manchmal behaupte, ich hätte vier Kinder statt nur zwei). Außerdem sorgen wir durch leise Musik und Kaltgetränke für ein kultiviertes Ambiente. Wenn wir den Stand in unserer Garage aufbauen, brauchen die Kunden nur den Rasenmäher und die vollen Mülltonnen zu ignorieren, um sich wie in einer Boutique zu fühlen. Die netten Normalos bezahlen die Preise, die wir verlangen, anstandslos und verzichten auf blöde Sprüche wie: »Ich biete Ihnen fünfundzwanzig für die Kühltruhe, dann haben Sie das lästige Ding aus dem Weg!« Gemeint ist das eingeschaltete Gerät, in dem sich unsere tiefgefrorenen Vorräte befinden.

Glücklicherweise sind die netten Normalos in der Überzahl, aber an manchen Tagen scheinen wir hauptsächlich Idioten anzulocken.

Auch unser letzter Garagenflohmarkt fing ganz harmlos an, doch dann fegte eine Mutter mit Kind wie ein kleiner Tornado herein. Nichts gegen Mütter mit Kindern; sie sind meine Topkunden. Kinderzubehör, Spielzeug und Kinderkleidung sind teuer, deswegen decken sich Mütter gern damit auf Flohmärkten ein. Und da sie meist nicht nur aus Lust und Laune herumstöbern, sondern wirklich etwas brauchen, freue ich mich, wenn sie an meinen Stand kommen. Aber diese hier war so sehr damit beschäftigt, in meinen alten Jeans (drei Dollar das Stück) herumzuwühlen, dass sie nicht auf ihr Kind achtete, das praktisch Amok lief. Also versuchte ich die Frau darauf aufmerksam zu machen. Ich weiß, dass man bei solchen Gelegenheiten nicht sagen darf, was einem auf der Zunge liegt.

Dafür sind Mütter zu sehr in ihre Kinder vernarrt. »Hey, Lady! Pfeifen Sie Ihre missratene Brut zurück!« kommt nicht gut an. Es braucht etwas Feingefühl. Also sagte ich: »Ich verlange zwar nicht viel für die Legosteine, die Ihr Sohn überall in meiner Einfahrt verstreut, aber wenn er noch mehr wegschmeißt, bekomme ich keine fünfzig Cent mehr für den Rest.«

»Was?« Irritiert blickte die Frau von meinen Mama-Jeans Größe 40 auf, in die sie ihren 44er Hintern niemals hineingezwängt bekäme (ich weiß, wovon ich spreche).

»Ihr Sohn«, erklärte ich geduldig. »Er verteilt mein ganzes Lego in der Einfahrt.«

»Wollen Sie es denn nicht verkaufen?«

»Doch. Wollen Sie es haben?«

»Nein, davon haben wir mehr als genug.«

»Ja, dann …« Ich dachte, ich bräuchte nicht weiterzusprechen und sie würde ihr Kind stoppen und es dazu bringen, die Legosteine wieder einzusammeln, aber sie hatte nur Augen für die Jeans. Ich machte eine ungeduldige Handbewegung.

Sie seufzte, legte die Jeans hin und schrie: »Hör mit dem Lego auf, Casper!«

»Aber ich spiele gerade so schön damit!«, maulte Casper.

»Ich weiß, Baby. Aber die Lady hier will nicht, dass man ihre Sachen anfasst. Offenbar ist alles nur zum Angucken.«

Was für eine Frechheit! Aber die Zicke hatte nicht mit meiner Versiertheit im Zurückzicken gerechnet.

»Die Sachen können gern angefasst werden«, sagte ich zu Casper. »Es wäre mir nur lieber, wenn original verpackte Schachteln nicht aufgerissen und die Hälfte der Steine im Garten verstreut würden. Ich möchte sie nämlich verkaufen, und ich glaube nicht, dass jemand sie noch haben will, wenn sie nicht komplett sind.«

»Ich will aber damit spielen, Mommy!«, quengelte Casper.

»Ich weiß, Kleines. Aber die Lady sagt nein.«

»Das stimmt. Die Lady sagt nein. Aber weißt du, wer auch nein sagen sollte, Casper? Deine Mutter!«

Casper wechselte das Thema und sagte: »Mommy, ich muss mal.«

Seine Mutter reagierte schneller als erwartet und fragte mich: »Wo finde ich die Toilette?«

Wie bitte? Wenn sie die Toilettengänge ihres Sohns nicht vernünftig timen konnte, sollte er doch in die Hose pinkeln! Wer machte sein Haus denn bei einem Garagenflohmarkt zur öffentlichen Toilette? Außerdem waren mir diese Mutter und dieses Kind zu unsympathisch, um sie hereinzulassen.

Ich lächelte zuvorkommend und sagte: »Bei McDonald's, gleich an der Ecke.«

Bevor die Mutter noch etwas sagen konnte, sprach mich eine andere Kundin an. »Entschuldigung, können Sie auf einen Fünfziger rausgeben?« Es war eine schick gekleidete Mutter mit einem Kleinkind im Arm und Dolce&Gabbana-Sonnenbrille auf der bildschön gesträhnten Mähne. »Ich habe es eilig«, fuhr sie fort und zeigte auf eine große Limousine am Straßenrand. »Meine Jüngste schläft im Wagen. Ich bin nur schnell rausgesprungen, um ein paar Dinge zu kaufen. Aber ich habe nur einen Fünfziger dabei.«

Ich sah mir die Sachen an, die sie kaufen wollte. Es war kaum benutzte Marken-Kinderkleidung mit passenden Strumpfhosen und Stirnbändern, alles in allem für ungefähr siebzehn Dollar.

Am liebsten hätte ich gesagt, dass schon fünfhundert Kundinnen vor ihr diesen Fünfzig-Dollar-Trick probiert hatten. Es gab ihn in zwei Varianten. Die einen sind die Dolce-Mütter, denen man wirklich zutraut, so einen großen Schein dabeizuhaben, die anderen sind eher hutzelige Rentnerinnen, denen der Weg zum Geldwechseln bei der Bank zu weit ist. Beide kommen frühmorgens, wenn man noch nicht viel Wechselgeld hat, und hoffen, dass man ihnen die Einkäufe für die paar

Münzen überlässt, die sie noch lose in der Tasche haben. Besonders ärgerlich ist, dass diese Leute in der Regel meine besten Sachen kaufen wollen, und zwar für die drei Dollar, die sie an Kleingeld zusammenkratzen. Dagegen hilft nur, am Vortag zur Bank zu gehen und massenhaft Wechselgeld zu besorgen. Was ich auch dieses Mal getan hatte.

»Selbstverständlich«, säuselte ich und griff in meine Kasse.

Die Frau machte ein so überraschtes Gesicht, als sei es das erste Mal, dass ihr Trick nicht funktionierte. Womöglich benutzte sie sogar seit Jahren den immer gleichen Fünfzig-Dollar-Schein. Nun wurde sie ihn jedenfalls los.

Kaum war sie gegangen, kamen neue Kunden. Wunderbar! Doch als ich genauer hinsah, machte mich der dicke, gut fünfzehn Jahre alte Winterpullover der Frau stutzig. Wir hatten April, und es war nicht kalt. Ihrem Mann hing die Hose auf den Knien, obwohl er so etwas Ähnliches wie einen Gürtel trug. Offenbar stammte alles, was die beiden am Leib trugen, von Flohmärkten, und mehr als ein paar Cent schienen sie pro Kleidungsstück nicht auszugeben. Sie gehörten also zur Gattung der Preisdrücker, die ich noch mehr hasste als die Fünfzig-Dollar-Schein-Wedler. Schließlich verkaufe ich keinen Schrott.

Tatsächlich hielt mir der Mann eine Kristallvase hin, die ich zur Hochzeit geschenkt bekommen habe, und sagte: »Mehr als fünfzig Cent verlangen Sie dafür bestimmt nicht, oder?« Diese Vase, die mir so viel bedeutete? Okay, das stimmte nicht. Eine Kollegin, die ich nicht ausstehen konnte, hatte sie mir geschenkt. Trotzdem war das Ding viel mehr wert, auch noch nach all den Jahren.

»Doch«, sagte ich bemüht höflich.

An dieser Stelle möchte ich betonen, dass ich nichts gegen das Feilschen habe. Das gehört bei einem Flohmarkt dazu. Aus eigener Erfahrung weiß ich, dass es nichts Schöneres gibt, als mit etwas Runtergehandeltem vom Flohmarkt nach Hause zu kommen. Aber auch hier gibt es Grenzen. Und einen Verhaltenskodex. Man muss nämlich immer so tun, als sei man auf das Ding, das man da in den Händen hält, nicht besonders scharf. »Ich weiß gar nicht, ob es überhaupt in meine Wohnung passt«, sagt man beispielsweise, obwohl es genau das ist, was man seit Monaten sucht, und sogar das Doppelte des geforderten Preises bezahlen würde. Üblicherweise nennt man etwa die Hälfte des Preises und trifft sich dann irgendwo in der Mitte. Aber gleich mit Centbeträgen loszuklotzen und klarzumachen, dass man keinesfalls einen ganzen Dollar bezahlen wird? Unverschämt!

Der knauserige Alte bekam seine Kristallvase jedenfalls nicht, und ich ärgerte mich immer noch über ihn, als eine andere Kundin mich fragte: »Haben Sie eine Umkleidekabine?«

Wie gesagt: Meine Flohmarktstände sind sehr ansprechend, aber mit H&M kann man sie eigentlich nicht verwechseln. Was ist bloß mit den Leuten los? Toilette, Wechselstube, Umkleidekabine – was denn noch alles? Ich verkaufe Achtzig-Dollar-Hosen für acht Dollar! Wie viel Service kann man beim Flohmarkten erwarten?

Erst auf den zweiten Blick sah ich, dass die Frau den ganzen Arm voller BHs hatte. Die wollte ich gar nicht verkaufen, sondern in die Altkleidersammlung geben, und nur weil ich dazu noch nicht gekommen war, standen sie in einem Eimer unter dem Verkaufstisch. Ich hatte nicht damit gerechnet, dass jemand sie dort entdecken würde.

»Nein«, sagte ich. »Das hier ist ein Garagenflohmarkt.«

»Was wollen Sie dafür haben?«, fragte die Frau und schaute auf die BHs.

Ich konnte es nicht fassen. Gab es wirklich Frauen, die gebrauchte BHs kauften? Aber wenn ich die Chance habe, etwas zu verkaufen, kann ich nicht widerstehen. »Einen Dollar pro Stück«, sagte ich.

Meine Mutter sog hörbar den Atem ein, als sie mitbekam, was da vorging.

Die potenzielle Käuferin war sich indes unschlüssig. »Wenn ich sie nicht anprobieren kann …«, nörgelte sie und schielte Richtung Haus. Da ich hart blieb, verzichtete sie auf den Kauf. So wurden die BHs doch noch einem wohltätigen Zweck zugeführt.

Gegen Mittag kommen oft mittelalte Paare an unseren Stand und bringen alle Zeit der Welt mit. Mit Kennermiene inspizieren sie unsere Waren wie Archäologen. Alles wird angehoben, und ein »Ts-ts-ts« ertönt, wenn die Sachen irgendeinen Makel aufweisen. Früher habe ich sie manchmal auf besondere Stücke hingewiesen, aber diese Mühe kann ich mir sparen. Diese Leute wollen nämlich nichts kaufen, sondern sich nur überlegen fühlen.

Mittags treten auch die Verrückten auf den Plan. Einer von ihnen fragt regelmäßig nach Gold und Silber, das er einschmelzen lassen will, weil der Finanzmarkt angeblich kurz vor dem Zusammenbruch steht. Ein anderer fragte einmal nach Waffen. Obwohl in Kansas viel gejagt wird, habe ich Waffen noch nie auf Flohmärkten gesehen. »Wozu sollte ich Waffen haben?«, fragte ich zurück. »Zum Verkaufen oder um mich vor Typen wie Ihnen zu schützen?«

Am Ende des Tages stellten wir fest, dass wir beklaut worden waren. Das war nichts Neues. Irgendetwas lässt der gemeine Flohmarktbesucher immer mitgehen, und in der Regel macht es mir nichts aus. Jedenfalls nicht, wenn der Dieb ein Erwachsener ist. Erwachsene stehlen Dinge, die sie wirklich brauchen. Und wenn sie dafür kein Geld haben, tun sie mir höchstens leid, und ich wünsche ihnen bessere Lebensumstände. Hätte die Person, die dieses Mal die Kindersportschuhe geklaut hatte, mit mir geredet, hätte ich noch mehr Kinderkram zusammengepackt und ihr geschenkt.

Was mich jedoch zur Weißglut bringt, sind klauende Kinder.

Gegen Ende dieses Tages schnallte eine Mutter ihrer kleinen Tochter einen alten Lillifeerucksack von Adolpha um, während sie an unserem Stand herumstöberte. Dann kaufte sie aber doch nichts, und die beiden zogen ab. Ich schaute dem Rucksack nach und wusste nicht, was ich tun sollte. Es ging schließlich bloß um zwei Dollar. Unschlüssig sah ich den beiden nach, bis die Mutter fast am Ende unserer Einfahrt selbst bemerkte, dass ihre Tochter den Rucksack noch umhatte. Verstohlen linste sie zu mir zurück, um zu sehen, ob ich etwas gemerkt hatte, ging aber ganz ruhig weiter. Erst als wir Blickkontakt bekamen, reagierte sie, grinste und rief: »Uuups! Marguerite liebt Lillifee!«

»Da wäre ich jetzt nicht drauf gekommen«, rief ich zurück.

»Ist doch nicht schlimm oder?«, rief die Mutter und sah ihre Marguerite liebevoll an.

»Ganz und gar nicht«, erwiderte ich. »Sie können kaufen, was Sie wollen. Der Rucksack kostet zwei Dollar.«

Unendliches Bedauern malte sich auf dem Gesicht der Frau, als sie sich zu Marguerite herunterbeugte und sagte: »Tut mir leid, Spatz. Die Lady will den Rucksack behalten.«

Quatsch, die Lady will zwei Dollar!

Vorwurfsvoll sahen mich beide an. Marguerite war den Tränen nahe, ihre Mutter schien sagen zu wollen: *Wegen zwei Dollar machen Sie meine Tochter unglücklich?*

Mein Blick sagte: *Nein, Sie bringen sie zum Weinen, weil Sie keine lausigen zwei Dollar ausgeben wollen!*

Die Frau nahm ihrer Tochter den Rucksack ab, dann standen sie da und starrten mich hasserfüllt an. Es war kaum auszuhalten. Ich merkte, dass ich weich wurde. Doch dann riss ich mich zusammen und beschloss, mich zu behaupten. Ein paarmal zu oft hatte ich an diesem Tag erlebt, dass Eltern die eigene Knauserigkeit vor ihren Kindern mit meiner angeblichen Geldgier kaschieren wollten. Wenn sie ihren Kindern nicht beibringen konnten oder wollten, wie Menschen fair miteinander umgehen, würde ich das für sie übernehmen.

»Sorry, Marguerite!«, rief ich. »Du kannst den Rucksack nicht umsonst haben. Er kostet zwei Dollar.«

»Okay«, rief die Mutter. »Können Sie auf einen Fünfziger rausgeben?«

SCHIESSWÜTIGE MÜTTER

Seit meine Kinder Vollzeit zur Schule gehen, habe ich nicht mehr viel mit anderen Müttern zu tun. Nachmittags fahre ich meine Kinder zum Fußball und Tanzen, abends kontrolliere ich ihre Hausaufgaben. Ende Gelände. Aber ich stehe noch auf der Liste des Mütterabends und bekomme monatlich eine E-Mail mit den Plänen für anstehende Termine. Immer wieder nehme ich mir vor, zum großen Mani/Pediküreabend zu gehen oder mir einen Vortrag über Trends der Gartengestaltung anzuhören, aber dann kann ich mich doch nicht aufraffen.

Außer als der Besuch einer Schießanlage organisiert wurde.

Ich wusste, dass einige Mütter derbe drauf waren, aber ich wusste nicht, *wie* derbe. Unser Zirkel war immer offen für Neues gewesen; es gab Kochkurse für exotische Küche, und am Bücherabend besprachen wir schon mal *Fifty Shades of Grey*. Aber schießen?! Eine von uns war Reservistin, und die Idee stammte natürlich von ihr.

Als die E-Mail mit der Bitte um eine verbindliche Zu- oder Absage kam, war ich hin- und hergerissen. Ich konnte mir unseren Haufen einfach nicht am Schießstand vorstellen und war gespannt, wie sich die Ladys anstellen würden. Aber ich hasse Waffen. Ich habe Angst davor und will sie nicht in meiner Nähe haben. Außerdem fürchtete ich, zum Waffennarr zu konvertieren, sobald ich so ein Ding in der Hand hätte.

Ich erzählte Ebbi davon und beichtete ihm meine krausen Gedanken.

»Du solltest unbedingt hingehen«, sagte er.

Wie bitte? Sonst war der Mütterabend doch ein rotes Tuch für ihn!

»Das sagst du bloß, weil du hoffst, dass ich Blut lecke und dir endlich eine Waffe erlaube«, erwiderte ich.

Er gab es unumwunden zu.

»Ich gehe trotzdem«, sagte ich. »Vielleicht schieße ich mir aus Versehen in den Fuß. Dann habe ich wenigstens was, worüber ich morgen in meinem Blog berichten kann.«

Je näher der Abend rückte, desto drängender wurde die Kleidungsfrage. Normalerweise ist mir ja schnurz, wie ich rumlaufe, aber dieser Abend warf Fragen auf. Waren Tarnklamotten angesagt? Oder Tweedjacken mit Lederbesatz wie in *Downton Abbey*, wenn Lord und Lady auf Fasanenjagd gehen? Oder etwas Helles, das sich schön gegen die schwarze Waffe abhob und sie noch krasser wirken ließ? Natürlich entschied ich mich am Ende für das Übliche – Cargohose und T-Shirt. Ich hatte ja auch nichts anderes.

Wir trafen uns im gut besuchten Ausstellungs- und Verkaufsraum der Schießanlage. Kichernd und nervös sahen wir uns um. Noch nie hatte ich so viele Waffen auf einmal gesehen. Aber nicht nur das machte mich nervös. Mir war klar, dass außer uns sechs Muttis alle bewaffnet waren. Als ich meine Freundin Joni darauf ansprach, versuchte sie mich zu beruhigen.

»Das stimmt. Aber die Waffen sind bestimmt nicht mit scharfer Munition geladen.«

Ich lachte sie aus, verriet ihr aber nicht, dass ich gegenüber Ebbi die gleiche Vermutung geäußert und er mich desillusioniert hatte.

»Womit solltet ihr die Zielscheiben denn wohl sonst zerfetzen?«, hatte er amüsiert gefragt.

»Dann können wir uns ja gegenseitig verletzen, wenn wir aus Versehen abdrücken«, hatte ich erschrocken gesagt.

»Allerdings. Also seid lieber vorsichtig und tut, was man euch sagt«, war Ebbis finaler Rat gewesen.

Nachdem wir uns allerlei Zeugs angesehen hatten, das die National Rifle Association für volksverträglich hält, lernten wir unseren Kursleiter kennen, Andy. Er trug nicht nur ein Waffenhalfter am Gürtel, sondern auch ein Messer – wahrscheinlich für den Fall, dass seine Pistole im Nahkampf versagte und er den Feind mit anderen Mitteln erledigen musste. Dabei war er ein Hüne und brauchte das Messer wahrscheinlich gar nicht, sondern konnte einen Widersacher mit den bloßen Händen ins Jenseits befördern. Im Fall der Fälle wollte man ihn also lieber in der eigenen Mannschaft haben.

Andy musterte uns Minivan-Besitzerinnen abschätzig und seufzte. »Wer von Ihnen hatte schon mal eine Waffe in der Hand?«, fragte er.

»Ich«, sagte unsere Reservistin. »Aber gut schießen kann ich leider nicht.«

»Ich habe an der PlayStation schon mal bei einem Ballerspiel mitgemacht«, sagte ich.

Andy fand seine schlimmsten Befürchtungen bestätigt und seufzte noch einmal. »Okay, Ladys«, sagte er dann. »Setzen wir uns lieber erst mal zusammen und besprechen ein paar Dinge, bevor wir an den Schießstand gehen.«

Zwanzig Minuten lang lauschten wir seinen Erklärungen über die 9-Millimeter-Pistolen, die wir benutzen würden. Dann ging eine ungeladene Waffe von Hand zu Hand, zum Kennenlernen. Irgendwann konnte Andy den Moment der Wahrheit aber nicht länger hinauszögern und wollte mit uns an den Schießstand gehen. Ich war mir jedoch nicht sicher, ob wir schon so weit waren.

»Wollen Sie nicht lieber eine kugelsichere Weste anziehen?«, fragte ich ihn.

Davon wollte er aber nichts wissen. Stattdessen teilte er Schutzbrillen, Kopfhörer und Munition an uns aus.

Hatte mich der Ausstellungs- und Verkaufsraum schon eingeschüchtert, hätte ich mir im Schießstand beinahe in die Hose gemacht, denn hier wurde von allen möglichen Leuten reichlich herumgeballert. Andy lächelte aufmunternd und wünschte uns viel Spaß. Dann fragte er, wer als Erste schießen wollte.

»Ich«, meldete sich Joni, die immer noch nicht glauben wollte, dass wir echte Munition verwendeten. »Aber nur einmal bitte!«

»Jeder hat zehn Schuss«, sagte Andy.

»Egal«, sagte Joni. »Einer reicht mir. Mir ist das Ganze nicht geheuer.« Sie sprach mir aus dem Herzen.

»Fangen Sie erst mal an«, sagte Andy. »Dann sehen wir weiter.«

Joni betrat ihre Kabine, lud ihre Waffe und nahm die vorgeschriebene Haltung ein: Knie leicht angewinkelt, Oberkörper leicht vorgebeugt, Arme locker, beide Hände an der Waffe. Dann feuerte sie ab. *Buuum!*

Die Zielscheibe glich einer menschlichen Figur. Joni hatte den Kopf getroffen und freute sich wie Bolle. Strahlend drehte sie sich zu uns um und sagte: »Ich glaube, ich schieße gleich noch mal.« Sie drehte sich wieder zur Zielscheibe um. *Buuum – buuum – buuum!* Am Ende hatte die Zielscheibe zehn Löcher im Kopf, und Joni stand da wie Clint Eastwood.

Andy beglückwünschte sie und gab der nächsten Mutti die Waffe.

Wir schossen, bis die gesamte Munition verbraucht war. Sonst hätten wir weitergemacht.

Ich war die Schlechteste von allen. Gern würde ich es auf meine generelle Ungeschicklichkeit schieben, aber die Wahrheit ist, dass ich die ganze Zeit vor Schiss zitterte. Die Schießenden in den anderen Kabinen brachten mich aus der Fassung, und überall vermutete ich Querschläger, die mich treffen könnten.

Trotz meiner schwachen Leistung war auch meine Zielscheibe am Ende ein »toter Mann«. Ich bezeichnete sie als »das Opfer«, aber Andy sagte, ich solle sie als einen »Angreifer« betrachten, weil ich sonst eine arme Irre wäre, die wahllos auf Menschen ballerte.

Ich konnte nicht fassen, wie einfach es war, etwas zu treffen. Nie und nimmer hätte ich damit gerechnet, dass es mir mehr als ein- oder zweimal gelingen würde. Aber ich hatte das Opfer … sorry!, den Angreifer nur zwei- oder dreimal verpasst. Alle anderen Schüsse fügten ihm schwerste Verletzungen zu.

Im Laufe des Abends wurden wir zu *Charlys Engeln* und fühlten uns wie in *Full Metal Jacket*. Wir waren voller Adrenalin und Endorphinen und Gott weiß was. Und so stolz auf uns, dass wir unsere Zielscheiben mit nach Hause nahmen, um sie unseren Männern zu zeigen.

Es war ein fantastischer Abend, das kann ich leider nicht leugnen. Keine von uns hat eine Waffe gekauft, jedenfalls nicht gleich. Ich fürchte die Dinger immer noch, aber bei den anderen bin ich mir nicht so sicher. So treffsicher ich am Schießstand auch war, hatte ich doch meine Zweifel, wie ich reagiere, wenn mir eines Tages wirklich ein »Angreifer« gegenübersteht. Wahrscheinlich erstarre ich zur Salzsäule oder fuchtele so wild in der Gegend herum, dass ich einen Umstehenden treffe.

Als ich vor dem Mütterabend bei Facebook postete, dass wir schießen gehen würden, antwortete mein Bruder C. B.: »Frauen schießen nicht, Frauen stechen zu.« Ich glaube, da hat er recht. Deswegen habe ich beschlossen, im Fall eines Zombieangriffs zur Machete zu greifen. Das hätte auch den Vorteil, dass ich nicht nachladen muss.

DANKSAGUNG

Danksagungen sind ein Minenfeld. Was, wenn ich jemanden vergesse? Beispielsweise meine Eltern. Bestimmt vergesse ich meine Eltern. Also bringe ich's lieber gleich hinter mich: Danke, Mom und Dad! Für eure Liebe und dass ihr euer Bestes gegeben habt. Keine Sorge, so missraten bin ich gar nicht! Und, Mom, entschuldige bitte die Kraftausdrücke! Ich kann nichts dafür. Dad hat sie mir beigebracht.

Oder was, wenn man jemandem dankt, der das Buch gar nicht liest und nicht weiß, wie viel er einem bedeutet? Ja genau, ich meine dich, Tina Fey! Lass uns das Buch feiern! Ich lade dich ein. Ruf an!

Dass ich meinem Mann danken muss, ist klar. Zwar habe ich ihm dieses Buch bereits gewidmet (siehe vorne), aber bestimmt guckt er nach, ob er auch hier hinten auftaucht. Tut er. Er hat's verdient. Ohne ihn hätte ich dieses Buch nicht schreiben können, denn während ich in die Tasten haute, fütterte er die Kinder und hielt sie einigermaßen sauber. Nebenbei machte er mir immer wieder Mut und sorgte dafür, dass ich nicht komplett irre wurde. Danke, Schatz! Für dein Verständnis, deine Unterstützung und Liebe – und das, obwohl ich so ein Nervbolzen bin. Und danke für den Minivan!!!

Dank auch an euch, Adolpha und Gomer, dass ich euch so schreckliche Namen geben und komische Sachen über euch erzählen durfte. Wenn ihr dieses Buch eines Tages lest, können wir hoffentlich darüber lachen. Danach dürft ihr mir die Rechnungen eurer Therapeuten schicken.

Ich danke auch Neeti Madan und Pamela Cannon, die mir mit diesem Buch geholfen haben.

Auch dem McDonald's um die Ecke bin ich zu Dank verpflichtet. Tagein, tagaus laufen dort Hits aus den Achtzigern, und nichts inspiriert mich mehr als Koffein und Bananarama.

Dank auch anderen Bloggern und Autoren, die mit mir kooperieren. Zusammen rocken wir das Netz. Je mehr dort los ist, desto besser für uns alle.

Last but not least danke ich meinen Lesern. Danke, danke, danke! Ihr macht meine Träume wahr. Ohne euch fände ich medial nicht statt. Eure Unterstützung trägt mich, und ich schätze jeden von euch. Danke fürs Lesen und Lachen.

Vom Wahnsinn in den eigenen vier Wänden

Ralf Schmitz
SCHMITZ' HÄUSCHEN
Wer Handwerker hat,
braucht keine Feinde mehr
336 Seiten
mit zahlreichen
Abbildungen
ISBN 978-3-404-60806-5

Ralf Schmitz baut um – und ist kurz davor durchzudrehen. Denn nichts läuft nach Plan: Maurer ziehen Wände auf der falschen Etage hoch, Maler verputzen abgeklebte Fenster, und Elektriker montieren Lichtschalter, bei deren Betätigung die Dachluke aufgeht. Und das ist erst der Anfang. Was für ein Glück, dass der Top-Comedian bei all diesen Katastrophen nicht seinen unvergleichlichen Humor verliert. Ralf Schmitz erkundet die verrückte Welt der Heim- und Handwerker. Am Ende ist klar: Das Leben ist eine Baustelle, nach fest kommt ab – und den Rest bringt der Putz!

Bastei Lübbe

So klappt's auch mit dem Daddy sein

Mitch Watson
WINDELMAN
In zwei Schritten
zum perfekten Papa
Aus dem amerikanischen
Englisch von
Gideon Ehret
208 Seiten
ISBN 978-3-404-60831-7

Sie werden Vater? Super! Nicht so super ist, dass Sie höchstwahrscheinlich mit dem Tag »X“ Ihre Partnerin nicht wiedererkennen werden, weil sie sich in eine überaus sensible MUTTER verwandelt wird. Deshalb ist es wichtig, die Dinge von Anfang an selbst in die Hand zu nehmen, um die Kontrolle zu behalten. Und damit sind nicht nur die Windeln gemeint, Sie Optimist!

In einer Welt, in der junge Mütter ungefragt tausendfachen Rat finden, ist *Windelman* der sprichwörtliche einsame Wolf in einer Herde hübsch frisierter Schafe: frech, witzig und mit vielen Rezepten für coole Drinks.

Bastei Lübbe